QUESTIONS DIPLOMATIQUES.

QUESTIONS DIPLOMATIQUES

ET PARTICULIÈREMENT

DES TRAVAUX ET DE L'ORGANISATION

Du Ministère des Affaires Étrangères.

PAR

M. DEFFAUDIS

ANCIEN PAIR DE FRANCE ET MINISTRE PLÉNIPOTENTIAIRE.

Quid est suaviùs quàm benè rem gerere bono publico?

PLAUTE.

PARIS

GOUJON ET MILON, LIBRAIRES,

RUE DU BAC, 41.

1849

Nous résumons ici en quelques pages sur la nature des questions diplomatiques et sur les travaux et l'organisation du département des affaires étrangères, ce qu'avec ou sans succès tour à tour, nous avons pensé, dit et même tenté de mettre en pratique, pendant un grand nombre d'années.

Souvent nous sommes obligés de citer, à l'appui de nos doctrines, des exemples tirés de l'histoire diplomatique de la France, et, pour être à la fois plus brefs et plus clairs, nous devons puiser dans la partie de cette histoire, qui est connue de tous, celle qui s'est passée de nos jours. Souvent aussi les exemples que nous citons deviennent pour nous l'objet de quelques critiques. Mais tout en relevant ce qui nous paraît des erreurs, nous ne voulons nullement attaquer le mérite des personnes, encore moins leur caractère. C'est ainsi que dans une rhétorique ou une grammaire, on signale des incorrections chez les auteurs le plus généralement estimés.. A côté de nos critiques, au surplus, il ne se trouve jamais aucun nom propre. Nous ne nous en prenons absolument qu'aux faits.

Ce n'est pas, comme on le voit, un ouvrage de circonstance que nous publions. La matière pourtant ne nous aurait pas manqué. A la suite de tout ce qui a été dit, et si

bien dit, concernant l'influence de nos révolutions succes-
sives sur la richesse et la morale nationales, il n'eût peut-
être pas été sans intérêt de rechercher quelle a été cette
influence sur la puissance et la considération extérieures du
pays. Mais, nous devons l'avouer, cette tâche, à laquelle
nous avions songé, nous a paru bien douloureuse, et nous
avons voulu jusqu'à présent la considérer comme préma-
turée ou espérer qu'un autre que nous consentirait à s'en
charger. Si d'ailleurs de froides considérations théoriques
sur le passé, comme celles dans lesquelles nous nous sommes renfermés, ne doivent présenter que peu d'intérêt dans
la position si extraordinaire où se trouve aujourd'hui la
France, nous nous flattons qu'elles pourront en offrir davantage dans un avenir plus calme, plus régulier et qui,
nous aimons à le croire, ne se fera pas trop longtemps attendre. Au milieu de ces tourmentes universelles où l'agi-
tation des esprits, la perturbation des intérêts, la lutte des
ambitions et la confusion des faits engendrent presque fa-
talement la confusion des idées, il semble utile que ceux
qui, par exception et comparativement, jouissent d'une
espèce de loisir et de tranquillité, s'appliquent, chacun
dans la mesure de ses forces, à recueillir pour des temps
meilleurs les principes de gouvernement et d'administration consacrés par l'expérience et la tradition.

Cet écrit était du reste terminé au mois d'octobre de l'année dernière, et on y trouvera ainsi sur certains faits et
certaines doctrines du moment où il a été composé, plusieurs observations incidentes, qui sont venues se placer
sous notre plume, irrésistiblement en quelque sorte et
malgré notre résolution de ne point nous occuper du temps
présent. Ces observations ont aujourd'hui perdu de leur à

propos. Cependant elles n'en manquent pas tellement encore que nous jugions indispensable de les supprimer. Les doctrines et les faits auxquels nous faisions allusion n'ont point disparu complètement ni peut-être pour toujours. La situation et la marche du département des affaires étrangères se sont assurément améliorées, pour les personnes surtout, et il en devait être ainsi, du moment que ce ministère avait la fortune si rare de passer, ne fût-ce que momentanément, entre les mains d'un homme qui le connaissait, d'un diplomate. Mais après tout on ne saurait s'empêcher de remarquer qu'il y a eu plutôt arrêt dans la voie du mal que retour dans la voie du bien. Celle-ci est plus longue et plus difficile que l'autre (1).

Paris, juillet 1849.

(1) Le département des affaires étrangères a été longtemps et chaque jour menacé d'une désorganisation totale, à l'intérieur aussi bien qu'à l'extérieur. Il n'a dû d'y échapper, à travers les désordres qui l'ont si fortement troublé, qu'à la résistance très méritoire, bien que souvent impuissante, de l'homme consciencieux et modéré (homme nouveau pourtant) qui, par bonheur, s'en est trouvé le chef. Nous tenions à faire cette remarque.

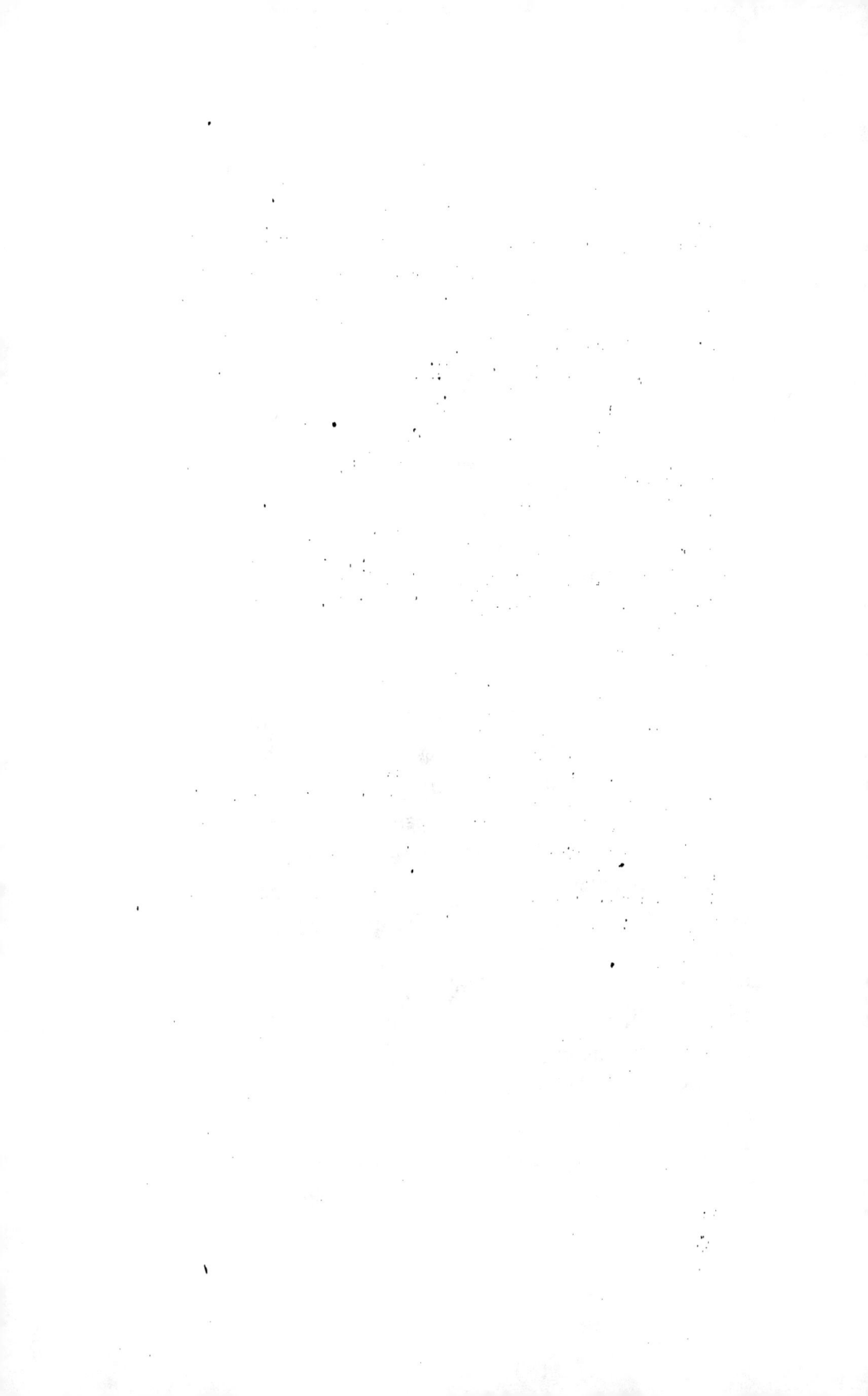

CHAPITRE PREMIER.

Observations générales.

La nature spéciale des affaires diplomatiques ; leur utilité et leur difficulté réelles ; la manière dont elles s'étudient et se traitent ; enfin, les principes sur lesquels doit reposer l'organisation du ministère qui en est chargé : toutes ces choses sont peu et mal connues du public. Cependant elles sont d'une haute importance, puisqu'elles touchent à des intérêts de premier ordre ; et il pourrait sembler extraordinaire qu'on s'en fût aussi peu occupé, dans un temps d'examen et de publicité, où les moindres détails d'administration, dans d'autres branches du gouvernement, ont été le sujet des recherches les plus minutieuses.

Mais cela semble s'expliquer par cette idée reçue qu'un profond mystère préside et doit présider à la conduite de toutes les affaires diplomatiques. Le désir des investigations s'est trouvé naturellement comprimé par la présomption de leur inutilité, et jusqu'à un certain point, par celle de leur inconvenance. Les frondeurs assez rares du mystère diplomatique, ceux même qui en ont fait les plaintes les plus vives et ont affecté de le traiter avec le plus de dédain, n'étaient peut-être pas bien convaincus de la justesse de leurs critiques. A en juger du moins par leur peu de persistance, on serait tenté de croire que, malgré leur audace apparente, ils étaient troublés dans leur conscience, et que comme certains esprits forts au milieu des plus fougueuses attaques contre la religion, ils étaient beaucoup moins incrédules qu'ils ne prétendaient l'être. Aussi, les Ministres ont-ils toujours pu très facilement les réduire au silence et exciter contre eux la réprobation de la masse des vrais croyants.

Or, il est vrai et évident que quelques négociations diplomatiques, de même que certaines dispositions militaires ou certaines mesures de haute police, exigent un secret, au moins provisoire, et ne sauraient être divulguées avant le temps, sans que le succès ne s'en trouve fortement compromis. Mais, cela posé, il est également vrai, malgré le préjugé contraire, qu'un grand nombre de négociations n'auraient rien à redouter de la publicité. Quelques-unes même y auraient tout à gagner. On en a vu et des plus difficiles, réussir précisément parce que le secret qui les avait couvertes d'abord s'était trouvé rompu, soit par l'heureuse imprudence, soit par l'indiscrétion calculée d'un plénipotentiaire. Dans plusieurs occasions et près de certaines gens, le prince de Talleyrand a passé pour n'être pas assez maître de ses paroles. Tout cela dépend de la nature des négociations qui est très diverse, des circonstances où l'on se trouve et qui sont variables, enfin de la position souvent fort différente des parties contractantes. Le secret érigé en principe absolu dans les affaires diplomatiques n'est trop souvent, de la part des négociateurs, qu'un moyen de se donner de l'importance, et, de la part des ministres dirigeants, qu'une ruse pour éviter la discussion ou dissimuler des fautes.

Il y a eu des temps où les affaires diplomatiques connues d'un très petit nombre de personnes et principalement dirigées dans l'intérêt des familles régnantes, pouvaient et devaient toujours se traiter dans un profond mystère. Mais ces temps sont déjà à une grande distance de nous ; chaque jour nous nous en éloignons à pas de géants ; et prétendre y trouver aujourd'hui une règle invariable de conduite, serait le plus inexplicable des anachronismes, s'il était tout-à-fait innocent. D'une part, le secret dans des matières si naturellement propres à éveiller l'attention générale, est devenu bien difficile, depuis que, grâce à l'excitation universelle des esprits, aux relations multipliées du commerce et à la progression incessante du nombre des publications de la presse dans l'univers entier, tout, absolument tout ce qui a quelque importance politique, se sait ou se devine presque immédiatement. Combien de fois, depuis vingt à trente ans, les ministres des affaires étrangères n'ont-ils pas lu, à leur grande surprise, dans les journaux, soit des faits qu'ils croyaient savoir seuls, soit des faits qu'ils ignoraient encore et dont leurs correspondances venaient quelques jours plus tard confirmer l'exactitude! On pourrait objecter que si la presse dit à peu près tout ce qui est, elle dit aussi beaucoup de choses qui ne sont pas, et que de l'impossibilité de discerner le vrai du faux, il résulte encore une espèce de secret pour le public. Mais ce secret n'est que momentané et partiel. Il peut retarder la connaissance de la vérité et même en laisser toujours ignorer quelques détails. Il ne saurait empêcher que le fond des choses ne soit bientôt et exactement connu. D'une autre part, on a lieu d'espérer que désormais l'intérêt des peuples devra présider seul, dans tous les pays libres, à l'examen et à la solution des questions internationales. Or, les peuples ont droit de savoir ce qui se fait dans leur intérêt, toutes les fois que cet intérêt lui-même le permet, et, nous l'avons déjà dit, il en est souvent ainsi.

Nos Chambres législatives, dans leurs investigations sur la matière, se sont montrées jusqu'ici, il faut en convenir, d'une réserve excessive ou d'une facilité bien blâmable. Elles ont ainsi encouragé les ministres à ne leur présenter, même pour ce qu'on appelait *faits accomplis*, que des informations et des explications, qu'avec plus de connaissance des affaires et de conscience de leur droit, elles auraient à juste titre, repoussées comme insuffisantes et dérisoires. Notre monarchie constitutionnelle est restée bien en arrière sous ce rapport, de la monarchie constitutionnelle d'Angleterre, et à tel point que, durant son existence,

ceux de nos pairs et de nos députés, qui voulaient
s'instruire des affaires diplomatiques de la France,
étaient souvent obligés de recourir aux documents imprimés pour le parlement britannique. Ce n'est pas
que nos ministres ne prononçassent assez souvent de
fort beaux discours sur la politique extérieure. Mais les
paroles éloquentes s'y trouvaient en bien plus grande
abondance que les éclaircissements réels, et dans l'intérêt des affaires, aussi bien que dans celui des ministres peut-être, le contraire eût été préférable. Outre
que les longues dissertations du pouvoir sur un tel sujet, quelque habiles et réfléchies qu'elles soient, se
prêtent toujours à une foule d'interprétations plus
nuisibles que favorables aux négociations, elles n'obtiennent la plupart du temps que des succès parlementaires aussi fugitifs que le plaisir littéraire qu'elles
causent. Des faits précis et déterminants accompagnés
de brèves et nettes explications sont beaucoup plus
propres à produire, à l'étranger comme dans le pays,
un effet utile et durable. Il est vrai, nous le savons,
que de telles explications ne sont pas toujours possibles;
dans certains cas, elles auraient des inconvénients et
augmenteraient la difficulté des affaires. Mais, dans
un plus grand nombre de cas, elles n'offrent que
des avantages, et elles prêtent aux négociateurs un
appui décisif. Il ne cesse d'en être ainsi que quand
la politique qu'on suit n'est point aussi honnête et
courageuse, aussi conforme aux droits et aux intérêts
du pays, qu'elle devrait l'être : une telle politique en
effet doit redouter singulièrement la publicité. Cette

dernière observation est tellement évidente pour tous d'ailleurs, qu'une affectation trop constante de réserve et de mystère de la part d'un gouvernement finit par inspirer contre lui les soupçons les plus fâcheux, allant même quelquefois jusqu'à l'injustice. Les triomphes faciles que le ministère se ménage de temps à autre dans l'enceinte du parlement, par la révélation subite de certaines informations qu'il a soigneusement dissimulées jusqu'alors, sont loin de contrebalancer l'impression défavorable que des informations moins exactes, mais trop longtemps répétées sans contradiction, ont laissée dans l'esprit des masses. Pour cette question, ainsi que pour toute autre, il y a évidemment un milieu à tenir, des distinctions à faire. Mais, en thèse générale, nous croyons que, dans un pays libre, au lieu de cacher tout ce qu'on n'est pas absolument forcé de dire, on doit au contraire dire tout ce qu'on n'a pas un intérêt sérieux à cacher.

On peut soutenir, du reste, que le profond secret qui couvre les pensées et les projets des monarchies absolues, est plus favorable que les discussions de tribune aux succès diplomatiques. Cette proposition, comme la proposition contraire, s'appuierait au besoin sur de grands exemples. Mais qu'importe, lorsqu'il s'agit de chercher une règle de conduite pour les gouvernements représentatifs? Le même mode d'action ne saurait certainement s'appliquer avec un avantage égal à des gouvernements de natures toutes différentes. Supposons, par exemple, entre deux Etats, l'un soumis au régime absolu, l'autre jouissant du régime représentatif, l'existence d'un différend diplomatique d'une certaine gravité et touchant à l'honneur ou à quelque intérêt essentiel des parties adverses. Le gouvernement du premier de ces Etats soutient ses prétentions avec fermeté et dans le silence de tout ce qui l'entoure. Quelles sont ses intentions véritables? Le ton résolu dont il parle est-il sincère ou cache-t-il le désir d'une transaction? Personne ne pourrait le dire avec sûreté, ou du moins le silence de la Cour du souverain, non plus que celui de son peuple, ne sauraient fournir à cet égard aucun indice suffisant : ce sont choses naturelles, tout à fait dans l'ordre, et il est impossible d'en rien inférer. Mais si, de son côté, le gouvernement de l'autre Etat aspire et parvient à en user de même ; si la tribune de son parlement, où il est naturel et par conséquent nécessaire que se débattent tous les grands intérêts nationaux, reste muette en présence d'un différend dont la solution peut affecter la considération ou la puissance du pays, croit-on que les conséquences soient les mêmes, que ce dernier gouvernement reste impénétrable et que le silence qui se fait autour de lui soit impossible à interpréter? C'est dire beaucoup de choses, trop de choses en pareille situation que ne rien dire du tout, et plus la question est grave, plus le silence devient indiscret. Quand, dans un pays de libre discussion, il existe un danger public, que tout le monde en est notoirement préoccupé et que personne n'en parle, est-il besoin d'une grande pénétration pour démêler, si c'est un signe de détermination

ou de faiblesse ? Certains diplomates, lorsqu'ils ont
quelque chose à dissimuler, croient qu'il leur convient
de se renfermer dans un silence complet : mais ils se
décèlent par cela seul. D'autres, au contraire, par-
lent beaucoup et ne disent pourtant que ce qu'ils
veulent dire : ces derniers sont les habiles. Il en doit
être de même d'un Parlement. Son métier est de dis-
courir et il faut qu'il discoure. On peut désirer seulement qu'il le fasse avec quelque prudence et quelque
discernement, et pour cela qu'il laisse la parole aux
plus expérimentés. Jamais la France ne s'est trouvée
dans une position plus délicate qu'en 1818, lorsque,
occupée par une armée étrangère depuis trois années
et devant l'être encore pendant deux autres aux termes
des traités, son plénipotentiaire, le duc de Richelieu,
se rendait au Congrès d'Aix-la-Chapelle pour demander l'évacuation immédiate de son territoire. Eh bien !
à cette époque, plusieurs députés jetaient feu et flam-
mes contre l'occupation et les étrangers. L'un d'eux
appelait ces derniers *vampires du nord*. De son côté,
le ministère, qui ne manquait pas de blâmer de tels
discours dans le parlement, arguait à Aix-la-Chapelle de leur exaltation même et de celle qu'elle dé-
notait, disait-il, dans le pays, pour amener le succès
de sa négociation. Dans une autre occasion, moins
critique, mais fort délicate encore, lorsqu'en 1831,
l'occupation de Bologne par les Autrichiens vint com-
pliquer d'une manière si grave les négociations que
nous avions entamées avec eux pour l'évacuation de
l'Italie par leurs troupes, on vit Casimir Périer mon-

ter à la tribune, persister à la vérité dans son système de réserve au sujet des négociations pendantes, et refuser de s'associer aux clameurs belliqueuses et provocatrices de l'opposition; mais en même temps solliciter et obtenir des Chambres, qui allaient se séparer, un crédit éventuel de cent millions, *pour faire face aux nécessités qui pourraient se révéler en leur absence, ne point risquer de rester en arrière des événements et pouvoir se montrer le défenseur jaloux des intérêts de la France, le gardien sage mais fier de sa puissance et de son honneur.* C'était certes assez dire, parler clairement, et le résultat fut la réussite, au moins temporaire, des négociations relatives à l'évacuation de l'Italie. Or, en eût-il été de même, si, en présence de l'occupation de Bologne, l'opposition, ou seulement le ministère, eût gardé le silence? Les exemples pareils au dernier que nous venons de citer, ont été beaucoup trop rares depuis trente ans.

Espérons qu'une fois délivrée des terribles embarras intérieurs et extérieurs qui l'ont assaillie depuis sa naissance, notre jeune République (autant que pourra le comporter la différence des situations) saura mieux profiter des exemples parlementaires de sa sœur des Etats-Unis, que notre monarchie constitutionnelle n'a profité de ceux de l'Angleterre (1).

_____

(1) Voici, entre beaucoup d'autres, deux anecdotes au sujet des explications ministérielles données jadis au parlement sur des questions diplomatiques.

Un député attaque le gouvernement à l'occasion d'une affaire naissante, mais qui promet de devenir et en effet devient plus tard fort importante. Le ministre ne sachant rien encore de cette affaire,

Au reste, et quelques idées qu'on se forme à l'avenir concernant la rapidité et l'étendue des progrès que nous sommes destinés à faire dans la voie de la publicité, la question générale du secret diplomatique n'aurait jamais dû être considérée comme compromise par l'examen des questions spéciales que nous avons posées au début de cet écrit et qui en feront le sujet, savoir : la nature des travaux diplomatiques au ministère des affaires étrangères, leur but, leur difficulté et leur mode d'exécution. Il ne s'agit là, en effet, que de matières et de combinaisons administratives, qu'on aurait pu depuis longtemps dégager des voiles du sanctuaire et livrer aux regards de tous, sans danger ni profanation. Il y aurait eu au contraire beau-

---

la confond avec une autre dont il ne sait pas grand'chose et répond sur celle-ci. Le député, qui lui-même ne parle que d'après des renseignements officieux et n'a qu'une science d'emprunt, ne s'aperçoit pas du quiproquo et insiste sur son thème particulier. A son tour, le ministre, pour ne pas avoir l'air de rester court, reprend tout aussi imperturbablement le sien propre. Alors la chambre, qui, naturellement ne comprend pas un mot à cet échange d'explications, passe à l'ordre du jour, tout en admirant la force de tête des deux orateurs, qui entendent si bien une matière aussi abstruse... Enfin, le ministre, qui à travers tout est un homme d'esprit, rit du meilleur cœur, lorsqu'à son retour dans ses bureaux, on lui apprend ce qu'il vient de faire.

Un autre député gourmande le cabinet au sujet de la réclamation privée d'un français contre un état étranger, réclamation qu'il représente comme négligée et comme affectant tout à la fois pourtant l'intérêt et l'honneur national. Un autre ministre convient de l'importance et de la justice de la réclamation. Mais il affirme en même temps qu'il n'a pas attendu d'y être provoqué pour s'en occuper, que tout récemment encore il l'a fort recommandée aux agents compétents et qu'il ne la perdra pas de vue que justice ne soit faite. La chambre approuve comme de raison et passe à l'ordre du jour..... Il s'agissait d'une affaire complètement terminée depuis deux à trois ans! Le ministre n'eut pas besoin cette fois que ses bureaux lui apprissent ce qu'il venait de faire : il le savait bien.

coup d'avantages à en user ainsi, ne fût-ce que dans l'intérêt du ministère des affaires étrangères, dont on se fait en général les idées les plus fausses et qui ne peut que gagner à être connu.

En effet, si après la publication d'éclaircissements semblables à ceux qui vont suivre, ce ministère avait dû perdre de l'espèce de prestige qui s'attache toujours au vague et au mystère, et si ses employés avaient dû renoncer à se faire admirer comme des adeptes pratiquant certaines sciences occultes et initiés à des arcanes impénétrables, on eût mieux apprécié qu'on n'a pu le faire jusqu'ici l'importance et l'utilité de ses occupations, aussi bien que la variété de connaissances, la pratique des hommes et des choses, enfin les qualités du jugement et de l'esprit, qui sont nécessaires, pour y rendre de véritables services. Peut-être aussi des éclaircissements publics sur ce ministère auraient-ils eu pour heureux effet de contribuer à y faire établir d'une manière durable, la méthode de travail la plus conforme à la bonne expédition des affaires, méthode dont (comme cela se verra plus bas) nous nous étions progressivement approchés pendant les premières années de la monarchie constitutionnelle et dont, par malheur, nous nous sommes au contraire fort éloignés dans les dernières. On aurait pu espérer enfin que de la connaissance des travaux du département des affaires étrangères, il serait résulté la conviction inébranlable et salutaire du grave dommage dont le pays est menacé toutes les fois que ces travaux sortent des mains d'hommes spéciaux et éprouvés, pour passer

à celles d'hommes nouveaux et inexpérimentés , quels
que soient d'ailleurs le talent et le patriotisme de
ceux-ci.

De tous les ministères de l'État, celui des affaires
étrangères est peut-être celui où il importe le plus
d'assurer la stabilité des emplois, l'avancement par le
mérite et le maintien des traditions; car sa besogne
se résume dans la défense de l'intérêt national contre
l'intérêt étranger, et les erreurs en pareille matière
sont d'autant plus graves qu'elles restent la plupart du
temps irréparables. Une fausse combinaison dans l'administration intérieure se rectifie par une combinaison
plus juste. Une bonne loi en abroge une mauvaise.
Mais une démarche imprudente, une concession maladroite en diplomatie, une convention désavantageuse
surtout, comment la retirer, lorsque la partie adverse
la retient et s'en prévaut, avec tout droit de la retenir
et de s'en prévaloir? Quels cruels embarras, par exemple, ont causés au dernier gouvernement et quelles
graves complications auraient pu amener pour la
France les traités de 1831 et 1833 avec l'Angleterre
sur le droit de visite! Le premier de ces traités avait
été conclu contre l'avis des bureaux des affaires étrangères, qui avaient prévu dès lors qu'il deviendrait tôt
ou tard le sujet de graves difficultés diplomatiques et
parlementaires, et la prédiction dédaignée pendant dix
ou onze ans, a fini par se réaliser. C'est même en dehors du ministère, que le traité de 1831 avait été négocié et rédigé, ce dont il était au reste facile de s'a-
percevoir, ne fût-ce qu'à l'absence de toute clause

relative à sa durée et à la faculté de le résilier. Jamais personne du métier n'eût fait une telle omission. A la vérité, les hommes spéciaux et éprouvés que nous conseillons d'employer sont devenus rares. L'envahissement des places par l'ancien parlement en avait dégoûté et écarté un trop grand nombre, et il était peu propre d'ailleurs à en former de nouveaux. Lorsqu'en vertu de ce qu'on nommait *les nécessités parlementaires*, tous les emplois, même les plus modestes, ne se donnaient plus guère que d'après des calculs sur la majorité de la chambre des députés, lorsqu'avec des protections dans cette chambre on pouvait prétendre à tout, lorsque sans ces protections l'on ne pouvait compter sur rien, à quoi eût-il servi d'étudier et de s'instruire? Cependant il reste encore quelques hommes de la vieille école que leur petit nombre ne rend que plus précieux, et au besoin la carrière extérieure suppléerait à l'insuffisance des bureaux ; ceux-ci après tout sont ce qu'il y a de plus essentiel, puisqu'ils donnent la direction (1).

(1) Pour que le traité de 1831 et celui de 1833 qui l'a complété, aient subsisté aussi longtemps sans objection, il a fallu que l'opposition du temps fût entièrement aveuglée, comme l'avaient été les négociateurs, par des sentiments d'humanité, d'ailleurs fort honorables, ou qu'elle eût momentanément perdu la mémoire de ces grands principes de notre droit maritime, depuis si bien défendus par elle. Nous pouvons raconter un fait assez remarquable sous ce dernier rapport. On a cité à la tribune comme ayant approuvé le traité de 1831, MM. de Lafayette et Benjamin-Constant. Mais ce n'était point Benjamin-Constant, mort antérieurement, qui avait appuyé en cette occasion l'avis de M. de Lafayette. C'était un autre député d'une autorité plus imposante encore dans la matière, et pourtant voici comme il avait traité la question de droit maritime : « L'Angleterre soutient l'existence du droit de visite et la France la nie. Les

Nous ne voulons pas dire par ces dernières paroles
que les choix pour la carrière extérieure soient aussi
indifférents qu'on a souvent paru le croire et depuis
quelque temps surtout. Notre avis est diamétralement
opposé. Peut-être le développerons-nous quelque
jour, en traitant spécialement le sujet des légations,
comme nous traitons aujourd'hui celui des bureaux.
Mais nous tenons provisoirement à protester contre
toute interprétation exagérée de notre pensée. Les
faits, au surplus, parleront bientôt pour nous. On re-
connaîtra avant qu'il soit longtemps et peut-être com-
mence-t-on à soupçonner déjà qu'un homme peut
très bien obtenir le grade de ministre plénipotentiaire
et d'envoyé extraordinaire, sans être pour cela un diplomate, de même qu'il ne suffit pas, pour être un
homme d'État, de porter sous le bras un portefeuille
ministériel. L'*habit ne fait pas le moine*, dit le vieux
proverbe. Or, l'uniforme et les lettres de créance ne
font pas non plus le diplomate. La diplomatie est un
métier comme un autre, qui s'apprend avec du travail et du temps, auquel tout le monde n'est pas apte
et que personne n'a le don de deviner par intuition.
Outre la science qui est dans les livres et qu'on pour-

« deux pays font un traité entre eux pour exercer ce droit. Or,
« c'est évidemment l'Angleterre qui abandonne son principe par
« l'autorisation qu'elle sollicite pour l'appliquer. La France, au con-
« traire, maintient le sien par l'exception même qu'elle consent à
« y faire. » Il y avait confusion dans les souvenirs de l'honorable et
docte opinant. L'Angleterre n'avait jamais soutenu l'existence du
droit de visite qu'en temps de guerre, de la part des belligérants à
l'égard des neutres, et elle demandait à l'exercer sur nous en temps
de paix. Nous lui concédions dès lors en cela plus qu'elle n'avait
encore osé prétendre.

raît à la rigueur acquérir en dehors de la carrière,
si, par impossible, on se livrait à cette sérieuse étude,
sans autre but que celui de s'instruire, il y a la connaissance des formes, des usages, des hommes diplomatiques, qui ne saurait se puiser que dans la pratique, connaissance qu'on est parfaitement le maître de
dédaigner, quand on ne la possède pas, mais sans laquelle il est à peu près impossible de réussir à quoi
que ce soit. Il existe de plus, chez le corps diplomatique considéré dans son universalité, sans distinction
de pays ni de nation, une sorte d'esprit de franc-ma-
çonnerie, qui fait que la confiance si utile au succès
des affaires ne naît, prompte et intime, qu'entre les
membres qui le composent. Un homme d'un esprit
ordinaire, par exemple, mais appartenant au métier,
qui arrivera dans une résidence diplomatique en même
temps qu'un autre homme doué d'un esprit éminent,
mais qui jusqu'alors a été étranger à la carrière, ap-
prendra plus de choses intéressantes pour la politique
de son pays en un mois, que son illustre compétiteur
n'en saura peut-être dans le cours d'une année. Tout
le monde connaît cette histoire de Napoléon, qui voulant être informé de ce qui se faisait à Vienne, fut
obligé d'y changer son ambassadeur et de remplacer
un vaillant général de la République par un *aristo-
crate* de la vieille cour de Louis XVI. On ne saurait
avoir oublié non plus ces lettres des 9, 11 et 14 juillet 1840, dans lesquelles notre ambassadeur à Lon-
dres, célèbre philosophe, célèbre historien, très cé-
èlbre orateur, se croyait toujours en pleine négociation,

attendait des propositions nouvelles, et parlait du
temps que nous pourrions gagner encore, au moment
même où l'on copiait ce traité à quatre, qui s'est signé
contre nous dans l'affaire d'Orient, le lendemain 15 !
De ce que dans certaines missions extraordinaires et exceptionnelles, où il s'agissait, soit d'accomplir quelque
pompeux devoir d'étiquette, soit de précipiter la solution d'une question urgente, simple et suffisamment
mûre, on pouvait avec raison et succès employer une
grande illustration militaire ou parlementaire, de préférence à un diplomate déjà connu et dont l'apparition
n'eût pas autant frappé les esprits, on a trop souvent
conclu qu'il en était de même lorsqu'il était question
de suivre dans toutes leurs phases des affaires longues
et compliquées, ou même seulement d'entretenir le
cours ordinaire des relations diplomatiques. Quelle
histoire curieuse, risible et triste à écrire que celle des
traités conclus par des diplomates de rencontre ! Assurément, les mêmes gouvernants qui chargeaient
ainsi un premier venu de l'arrangement des litiges
nationaux, n'auraient pas manqué, pour leurs procès
privés, de choisir l'avocat le plus savant et le plus re-
nommé.

A ce propos, d'ailleurs, il y a une mesure du gouvernement provisoire que nous ne voulons pas perdre
l'occasion de louer. C'est d'avoir jeté les bases d'un en-
seignement spécial et public pour la diplomatie. Nous
avons longtemps désiré et poursuivi, mais en vain, l'a-
doption d'une pareille mesure. Ce n'était pas toutefois,
il nous importe de le remarquer, que le ministère des

affaires étrangères ne pût pas former à lui seul, dans
un temps d'administration régulière, la quantité de
sujets strictement suffisante pour faire face aux be-
soins de la carrière, tant intérieure qu'extérieure.
Aussi longtemps qu'un assez grand nombre des emplois supérieurs de cette carrière ont été donnés aux
gens de mérite, ceux-ci n'ont pas manqué. Le gouvernement a toujours trouvé, quand il a eu le bon esprit
de les chercher, des sujets capables pour les positions
difficiles. Mais, dans nos préoccupations d'intérêt du
service et d'illustration du département, nous avons
toujours désiré l'établissement de cours et par conséquent d'examens spéciaux pour la carrière diplomatique, parce que longtemps avant 1789 et tous les
progrès que nous avons faits, sauf en cela, depuis
cette époque, nous entretenions à Strasbourg un *cours
de droit public*, qui attirait des auditeurs des diverses
parties de l'Europe ; parce qu'au contraire il n'existe
plus aujourd'hui de cours semblable qu'à l'étranger;
parce qu'il s'est d'ailleurs établi en France des écoles
spéciales pour la plupart des autres branches de l'administration; parce qu'en conséquence de ce dernier
fait, des jeunes gens repoussés de partout à cause de
leur insuffisance, viennent, s'ils sont fortement pro-
tégés, faire irruption dans les affaires étrangères, dont
aucun réglement ne défend l'entrée; parce qu'au lieu de
cela, et ne fût-ce que par orgueil national, on devrait
rendre l'accès de ce ministère en rapports continuels
avec les étrangers, plus difficile que celui de tout autre;
parce qu'enfin l'établissement de cours et d'examens

spéciaux pourrait seul faire de la carrière diplomatique une véritable carrière, et consacrer à jamais, en dépit même des *nécessités parlementaires*, cette idée si simple, si naturelle, si évidente et néanmoins tellement négligée dans la pratique qu'elle ressemble à un paradoxe, que pour négocier et traiter, en un mot, pour faire de la diplomatie, il faut employer des diplomates. C'est ainsi qu'on emploie des généraux pour commander les troupes, des amiraux pour diriger les escadres, des juristes pour décider les points de droit et formuler les actes judiciaires, etc. Nous faisons donc des vœux aussi vifs que sincères, pour que l'école diplomatique dont le gouvernement provisoire a décrété le germe, ne reste pas mort-née, et pour qu'au contraire, elle fleurisse et fructifie, au grand profit et au non moins grand honneur du pays (1).

---

(1) Nous ne connaissons pas de diplomate qui ne soit prêt à convenir et de la meilleure grâce du monde, qu'il serait fort mal placé en dehors de sa carrière, par exemple, à la tête d'une armée ou d'une flotte, eût-il le secours d'un excellent chef d'état-major, et fût-il question d'une de ces expéditions, comme il s'en trouve, où la politique n'a pas moins à faire que la stratégie et la plume moins que l'épée, où il y a des populations à se rendre favorables, des neutres à ménager, des alliés à conserver, des ennemis à convertir, des proclamations à répandre, des points de droit international à résoudre instantanément, des transactions à préparer et à conclure, etc. Aucun diplomate ne sera certainement tenté d'invoquer en pareil cas, les exemples du cardinal de Richelieu, de l'avocat Moreau et de tant d'autres, ni de se prévaloir de ce que dans le cours de ses études, il ait eu occasion d'apprendre la géographie militaire et de lire Jomini. Or, nous trouvons que les diplomates sont parfaitement sages de penser ainsi et de se borner à faire leur besogne particulière, quand le gouvernement veut bien les y occuper. Mais nous regrettons que la même modestie, la même défiance de soi-même ne paraisse pas régner aussi généralement parmi les autres serviteurs de l'État, à l'égard des emplois diplomatiques.

Nous avons commencé ces observations générales par nous défendre du reproche d'indiscrétion, qui aurait pu nous être adressé par les adorateurs trop scrupuleux des anciennes maximes. Nous voudrions maintenant nous prémunir, du moins par quelques mots, contre un autre reproche que nous redoutons de la part des amis trop ardents du progrès. Ceux-ci ont semblé croire en effet que la République devait faire table rase partout et pour tout, mais particulièrement pour la diplomatie, qu'ils ont représentée comme une vieillerie radicalement monarchique; et ils pourraient bien traiter de suranné et d'oiseux ce que nous avons à en dire.

Nous ne discuterons pas la question à fond. Nous

Nous avons cru remarquer, au contraire, que bon nombre d'entre eux, si ce n'est la plupart, répugneraient fort à admettre qu'ils ne fissent pas les meilleurs plénipotentiaires possibles, avec ou sans l'aide d'un secrétaire d'ambassade, et s'agit-il d'aller dans un congrès discuter avec les plus habiles négociateurs de l'Europe, des questions toutes spéciales de politique pure. Bien plus, nous ne serions point étonnés que quelques-uns d'entre eux fussent assez disposés à s'offenser qu'on élevât des doutes sur leur complète aptitude, et, pour notre part, nous nous serions bien gardés d'en manifester à l'époque où l'on aurait pu dire que nous avions quelque intérêt à le faire. Aujourd'hui même, dans notre désir sincère de ne blesser personne, nous ne pousserons pas plus loin le développement de nos arguments et de nos comparaisons. Il y a quelques années, un officier de cavalerie légère, nommé à l'une de nos légations les plus difficiles sous le rapport des connaissances spéciales qu'elle exige et où l'on n'avait guère envoyé jusqu'alors que de vieux directeurs des affaires étrangères, disait à d'anciens camarades de régiment, qui semblaient se défier de ses succès : *Bah! j'en saurai toujours bien assez pour jouer mon rôle de ministre!* A la vérité, l'honorable officier était député, ce qui explique le choix qu'on avait fait de lui et la confiance avec laquelle il acceptait... Cependant on ne peut pas nier qu'il ne soit piquant pour ceux qui ont passé vingt-cinq ou trente années à apprendre un métier et qui pour cela ne se flattent pas de le savoir à fond, de voir qu'on l'estime si aisé.

ne citerons pas la République romaine, qui négociait
aussi bien qu'elle combattait, ni même notre première
République, qui n'a pas été trop maladroite aux traités
de Bâle, de Campo Formio, etc., bien que ce dernier
traité ait été représenté naguère comme médiocre, si
ce n'est honteux. Nous ne citerons pas non plus la
République des États-Unis, qui a une diplomatie
assez habile et assez active, lorsque sa position isolée
et transatlantique pourrait sembler l'en dispenser.
Cela nous écarterait trop de notre sujet. Nous prierons
seulement les esprits progressifs de vouloir bien sus-
pendre leur jugement final, jusqu'à ce que le magni-
fique *tohu-bohu*, qui règne en Europe, se soit un peu
débrouillé, et que chaque peuple arrangé chez lui tellement quellement, commence à regarder avec attention chez ses voisins. Car nous croyons qu'alors il y
aura de la diplomatie à faire, belle, grande, neuve,
mais moins neuve pourtant et surtout moins aisée que
ne le pensent quelques personnes.

A la vérité, la République a proclamé un principe
de politique extérieure assez nouveau : c'est *la frater-
nité*, dont il n'avait guère encore été parlé en diplomatie que sous notre première République. Ce
principe est beau, grand, noble. Mais, tout en l'admirant, nous avons constamment pensé et beaucoup
de gens doivent aujourd'hui penser avec nous, qu'il
ne faut pas y voir une espèce d'oreiller sur lequel
nous puissions sommeiller en toute confiance. Il convient, à notre sens, d'y ajouter un peu de diplomatie,
pourvu seulement qu'elle soit bonne. Il y a deux puis-

sances qui n'ont pas cessé et ne cesseront pas d'en faire de telle, on peut y compter : ce sont la Russie et l'Angleterre. Nous entendons d'ailleurs par *faire de la diplomatie*, non pas seulement s'occuper des événements accomplis et y adapter d'urgence des mesures plus ou moins adroitement improvisées, mais tâcher de diriger les événements futurs ou du moins de les prévoir, afin d'être toujours prêt, soit à en profiter, soit à s'en défendre; et pour cela il est indispensable de se former à l'avance un système bien réfléchi, puis d'en poursuivre avec activité et persévérance le développement, au moyen de bons agents, porteurs de bonnes instructions.

Nous croyons qu'il importe dans cette matière de ne pas trop se fier à ces principes généraux et absolus, qui reposent seulement sur des considérations morales, sur des sympathies d'idées politiques ou des analogies dans la forme des gouvernements. Ces principes à la vérité tendent à simplifier beaucoup les questions, et l'on conçoit que ceux qui les professent fassent peu de cas de la diplomatie. Il est infiniment plus aisé de les proclamer que d'étudier les intérêts positifs, matériels, nombreux et divergents des différentes nations, pour les comparer ensuite et les concilier, autant que possible, avec les siens propres. Ces principes d'ailleurs, nous devons en convenir, peuvent avoir leur valeur d'application dans certaines circonstances et surtout comme moyen d'action sur les autres. Mais il ne faudrait pas y recourir en dehors de ces circonstances, ni surtout y chercher, pour sa part,

une règle unique et perpétuelle de conduite. On
s'exposerait à de cruels mécomptes et à faire de la
mauvaise besogne, pour l'avoir voulue trop facile.
Naguère, un certain nombre de personnes semblaient
croire que la France ne pouvait plus contracter d'alliances sûres et avantageuses qu'avec des Républiques.
Ceci n'était pas neuf du tout. Plusieurs gouvernements ont déjà eu des idées du même genre, qui,
selon le cas et l'opportunité, ont amené des succès
bien divers. Mais nous aurions été très fâchés de voir
celle dont il s'agit se propager. Car, en premier lieu,
le nombre de nos alliances possibles se serait trouvé
singulièrement réduit pour le moment, et en second
lieu, nous aurions risqué de négliger ou de compro-
mettre les alliances très excellentes et très naturelles,
qu'avec d'autres idées nous pourrons trouver dans
les monarchies constitutionnelles, qui existent ou se
forment autour de nous. Une alliance sincère et durable de république à monarchie n'a rien de plus in-
vraisemblable, en effet, qu'une guerre acharnée au
contraire de république à république. Il y a déjà deux
siècles, et lorsque les idées religieuses avaient en
Europe une influence au moins égale à celle qu'y exercent aujourd'hui les idées politiques, le cardinal de
Richelieu, qui était, non pas seulement premier ministre, mais aussi homme d'Etat, n'a pas craint de
s'allier en Allemagne aux protestants, pour combattre
les catholiques.

En un mot, il peut y avoir des politiques de circonstance, d'exception, plus ou moins en dehors des

règles ordinaires. Mais, dans le cours habituel des choses et dans notre siècle, chercher une autre base que les intérêts réels et positifs des peuples, à un système général et permanent de relations diplomatiques, ce serait vraiment se placer trop en arrière de son temps et des progrès de la civilisation.

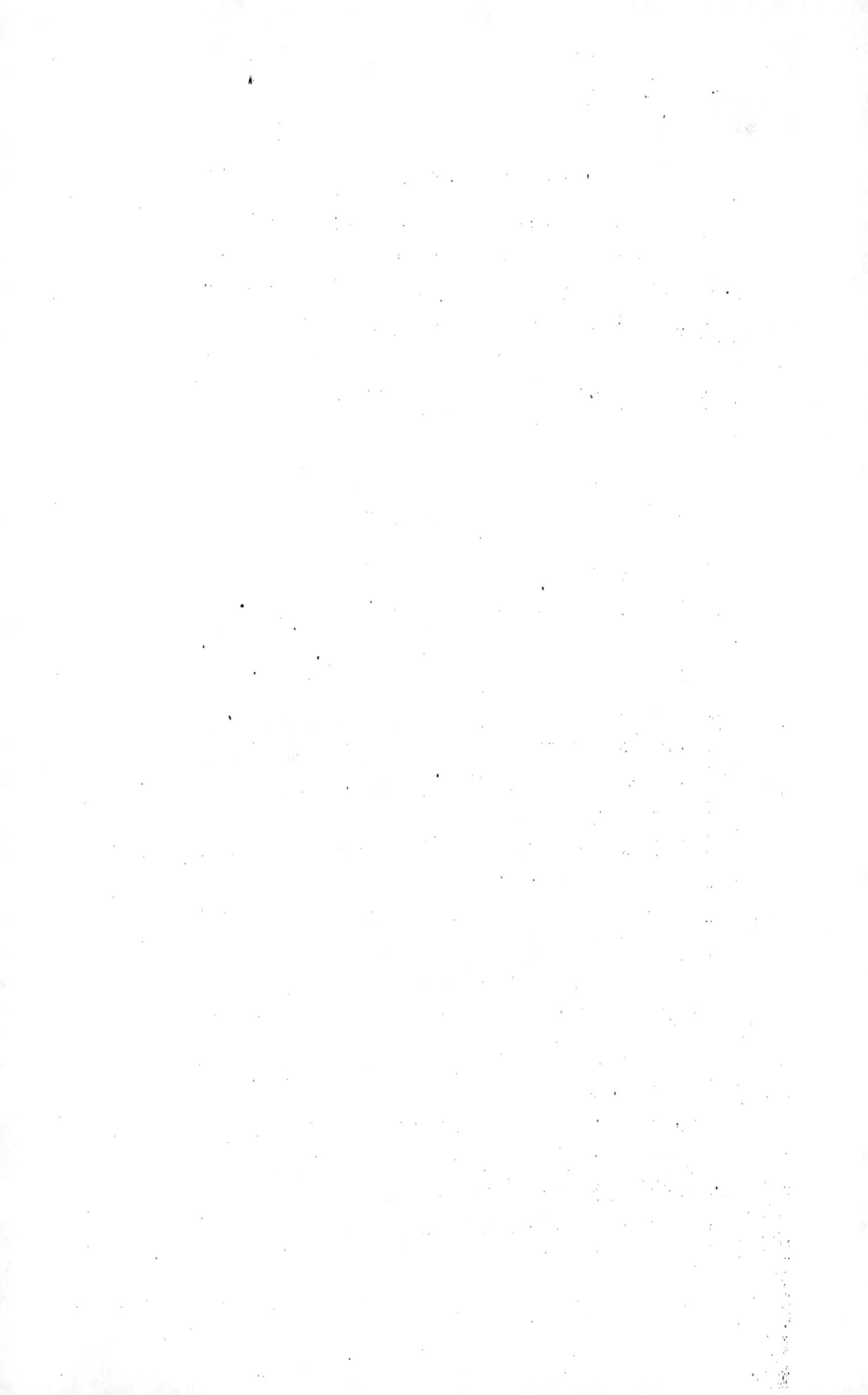

CHAPITRE II.

—◁◦▷—

Des principales Affaires diplomatiques.

Les travaux du ministère des affaires étrangères sont variés et assez nombreux. Nous n'en passerons aucun sous silence. Mais nous nous occuperons surtout de ceux qui forment le sujet principal des correspondances diplomatiques et qu'on a coutume de diviser en trois classes :

Les affaires politiques,
Les affaires commerciales,
Et les affaires contentieuses.

Quelques personnes ont objecté (et cette objection s'expliquera plus tard) que les affaires *commerciales* et les affaires *contentieuses* sont aussi bien des affaires *politiques* que celles auxquelles on donne spécialement ce dernier nom; que la distinction par classes établie entre elles est dès lors arbitraire; et qu'elle n'est pas compatible avec une bonne définition des affaires *po-*

3

litiques. Mais cette distinction, nous l'avons déjà indiqué, est consacrée par l'usage; elle a servi de base aux organisations du ministère les plus récentes; elle ne manque pas d'une certaine justesse, au moins en théorie; enfin elle est nécessaire à la clarté de ce que nous avons à dire. Nous avons donc cru devoir l'adopter.

Les affaires *politiques* peuvent se définir (ne fût-ce que pour les distinguer des autres) celles qui *intéressent directement la sûreté et la dignité de l'Etat dans ses rapports généraux avec les différents pays étrangers.*

Recueillir des informations promptes, certaines et raisonnées sur tous les événements qui sont de nature à affecter soit en bien, soit en mal, nos intérêts d'Etat, et qui ont lieu dans les pays habités par nos agents diplomatiques;

Connaître en quelque sorte jour par jour et avec toutes les variations qu'elles peuvent éprouver, les bonnes ou mauvaises dispositions des cabinets étrangers à notre égard;

Apprécier le degré d'importance que nous devons attacher à ces dispositions;

Pour cela, distinguer d'abord entre elles, celles qui reposent sur des intérêts fondamentaux ou des sentiments naturels, et celles qui n'ont pour principe que des intérêts secondaires ou des sentiments passagers;

Calculer ensuite jusqu'à quel point les gouvernements étrangers ont la faculté de traduire ces bonnes ou mauvaises dispositions en faits, c'est-à-dire, de nous être utiles ou nuisibles, et prendre pour bases de ce calcul, la constitution politique de ces gouvernements, leur système d'administration civile et militaire, le caractère, les inclinations et les intérêts de leurs peuples, la position géographique de leur territoire, la conformation de celui-ci sous le rapport des lignes de défense et d'attaque, l'état de leurs forteresses et de leurs arsenaux, la force physique et morale de leurs armées de terre ou de mer, la situation de leurs finances, etc. (1);

Etendre d'ailleurs, autant que possible, aux dispositions des différentes puissances les unes envers les autres (mais toujours sous le point de vue de notre intérêt plus ou moins direct) les recherches que les paragraphes précédents ont seulement indiquées comme applicables à nos rapports particuliers;

(1) Les faits statistiques dont nous venons d'énumérer les principaux doivent être soigneusement recueillis par les légations et les consulats, puis envoyés au ministère. Mais ils y arrivent épars dans un grand nombre de documents écrits ou imprimés, qui d'ailleurs ne sont pas toujours d'accord entre eux. Dès lors, pour faciliter l'usage de ces faits et les rendre dignes de confiance, il faut les réunir, les classer, les rapprocher les uns des autres, les comparer entre eux, enfin les soumettre à une critique, une vérification. Un *bureau* spécial *de statistique* est chargé de cette besogne, dont il doit toujours tenir les résultats à la disposition du ministre, ainsi que des personnes chargées de la correspondance politique. Quelquefois malheureusement, cette partie intéressante du service est plus ou moins négligée, et c'est ce qui nous engage à en faire le sujet d'une remarque particulière.

Il y a quelques années, un ministre des affaires étrangères, trop dédaigneux des faits, demanda, dans une grande négociation, la destruction d'une forteresse étrangère qui n'existait pas.

Peu après, à la vérité et par compensation, il nia, dans une discussion parlementaire, l'existence d'une autre forteresse étrangère, dont la construction commencée depuis longtemps venait précisément de se terminer.

Imprimer enfin d'après cette réunion de données, à nos relations avec l'ensemble des pays étrangers, une marche combinée et la plus avantageuse possible à la France, en cultivant les dispositions qui peuvent nous être utiles, en combattant celles qui peuvent nous nuire, et en arrivant ainsi, soit à former pour notre part des alliances fructueuses, soit à empêcher de la part des autres des ligues plus ou moins menaçantes pour notre sûreté :

Telles sont, en termes généraux, les affaires qui doivent former le sujet de la correspondance *politique* du ministère des affaires étrangères.

Certes, la matière est vaste, élevée et du plus grand intérêt. Mais pour qu'elle soit traitée d'une manière complète et véritablement utile, elle exige des études variées et continuelles de la part des légations, aussi bien qu'une direction systématique et soutenue du côté du ministère. Si par une cause ou par une autre, soit par l'incapacité ou la négligence des légations, soit par l'insouciance du ministre des affaires étrangères, et la paresse des bureaux qui en est la conséquence à peu près inévitable, on vient à négliger la partie positive et concluante du travail, par exemple, les recherches statistiques et les considérations générales qui s'y rattachent, la correspondance politique dégénère bientôt en un échange plus ou moins actif et spirituel, mais presque toujours puéril, d'informations et d'espérances ou de craintes vagues, décousues, sans fondement ni portée sur les incidents de chaque jour, les causeries diplomatiques, les intrigues de cour et de cabinet, etc. Dès lors, il n'est que trop certain que le gouvernement reste exposé à une foule d'erreurs et de fautes, dans le choix de ses amis et de ses adversaires, ainsi que dans sa conduite envers eux. Surpris qu'il est d'ordinaire par les événements et ne les appréciant jamais que d'une manière imparfaite, il doit naturellement souffrir de la plupart d'entre eux, et ne pouvoir profiter d'aucun.

Outre la correspondance politique courante et traitant des affaires particulières de chaque résidence, le ministère a pour usage immémorial d'écrire, au commencement de chaque mois, à tous les agents diplomatiques, une circulaire relative à la situation tant intérieure qu'extérieure de la France, pendant le mois qui vient de s'écouler, aussi bien qu'à tous les événements, en quelque pays qu'ils aient eu lieu, qui ont pu influer directement ou indirectement sur cette situation. Un tel usage a des avantages assez nombreux pour que nous croyions devoir en faire la mention spéciale. Les agents diplomatiques acquièrent des données certaines sur la réalité et la portée des principaux faits politiques; ils apprennent comment ils doivent les envisager; ils peuvent dès lors, sans crainte et sans inconvénient, prendre part aux conversations dont ces faits sont le sujet dans le corps diplomatique et recueillir ainsi des données précieuses sur les vues des différents cabinets; ils peuvent en outre s'efforcer de faire prévaloir dans ces conversations la pensée de leur gouvernement, et ce n'est pas d'une médiocre utilité pour celui-ci que de faire professer ses doctrines dans

toutes les principales résidences du monde et sur les
événements qui occupent le plus l'attention publique,
par des hommes en position d'être écoutés ; enfin les
agents diplomatiques, en recevant la circulaire men-
suelle, voient qu'ils ne sont point oubliés, se trouvent
encouragés dans leurs travaux de correspondance et
peuvent en même temps juger de la meilleure direction
à y donner, par la connaissance qu'ils ont de la situation politique générale, ainsi que de la manière
dont ils doivent la comprendre. Mais, pour rédiger la
circulaire dont il s'agit, il faut que le gouvernement
ait un système politique, que ce système soit quelque
peu persistant, qu'il ne flotte pas indécis à la merci de
chaque événement, que surtout il soit avouable, par
conséquent plus ou moins national. Or, aux époques
où ces conditions indispensables n'ont pas existé, le
ministère des affaires étrangères a cessé d'adresser des
circulaires mensuelles à ses agents, et les avantages
résultant de cet ancien usage ont disparu pour faire
place aux inconvénients opposés (1).

Les affaires *commerciales*, presque suffisamment
définies par leur titre, sont *celles qui ont pour objet
les intérêts généraux du commerce et de la navigation
de la France avec les différents pays étrangers.*

Se tenir constamment au courant de la nature et
de l'importance de nos rapports de commerce et de

---

(1) Le gouvernement anglais envoie à chacun de ses agents extérieurs tous les documents diplomatiques qu'il fait imprimer pour le
parlement. Nous devrions imiter cet exemple, surtout si nos communications parlementaires deviennent plus complètes et plus intéressantes qu'elles ne l'ont été jusqu'ici.

navigation avec chacun de ces pays, c'est-à-dire, de l'espèce et de la quantité de nos articles d'importation et d'exportation, aussi bien que du nombre comparatif de bâtiments nationaux ou étrangers employés dans l'intercourse, tant à l'allée qu'au retour (1);

Apprécier jusqu'à quel point nous pouvons espérer la continuation de ceux des faits préindiqués qui nous sont favorables, et la modification de ceux qui nous sont désavantageux;

Pour cela, distinguer d'abord ceux qui résultent de causes naturelles plus ou moins permanentes, comme le climat, le sol, l'aptitude des peuples respectifs, et ceux qui proviennent seulement de causes factices et passagères, comme les dispositions des traités ou des tarifs existants;

Rechercher ensuite, quant à ce dernier ordre de faits, si les traités ou les tarifs qui les produisent, reposent ou non sur des intérêts réels et importants, et si par conséquent les facilités ou les obstacles qu'ils créent aux commerces respectifs sont de nature à se maintenir ou à disparaître (2);

(1) Les excellents tableaux annuellement rédigés par nos douanes sont la meilleure de toutes les sources pour une pareille étude.

(2) Les légations ou les consulats envoient au ministère, en original et en traduction, tous les tarifs étrangers. Mais, pour que ces tarifs deviennent intelligibles et puissent, s'il y a lieu, être mis en discussion, deux opérations préliminaires sont indispensables : 1° convertir les poids, mesures et monnaies qu'ils indiquent, en poids, mesures et monnaies de France; 2° convertir ensuite ceux des droits qui sont *au poids* ou *à la mesure* (c'est-à-dire proportionnels à la quantité de la marchandise) en droits *ad valorem* (c'est-à-dire proportionnels à la valeur de la marchandise). Ce n'est évidemment qu'après cette dernière opération qu'on peut juger si un droit est

Étendre, autant que possible, aux rapports commerciaux des différents peuples entre eux (mais toujours sous le point de vue de notre intérêt plus ou moins direct) les recherches qu'indiquent les deux paragraphes précédents pour nos rapports particuliers;

Enfin, combiner et mettre en œuvre toutes ces données si nombreuses et si diverses, de manière à favoriser le développement des relations de commerce et de navigation de la France, par l'abolition sur les marchés étrangers des empêchements dont nous avons droit de nous plaindre, aussi bien que par l'obtention de toutes les facilités que nous avons raisonnablement lieu d'espérer, soit que d'ailleurs l'action ordinaire de nos agents extérieurs suffise pour assurer nos succès à cet égard, soit qu'il nous faille recourir à des traités ou accords diplomatiques avec les gouvernements étrangers intéressés :

Telles sont, en termes généraux, les affaires qui forment le sujet de la correspondance *commerciale* du ministère des affaires étrangères.

faible, modéré ou excessif, et si par conséquent on a lieu de s'en louer ou de s'en plaindre. En effet, quand il résulte de la première opération que 1 mètre d'une certaine étoffe est imposé à 6 fr., cela ne présente encore aucune idée nette à l'esprit. Mais, si, à la suite de la seconde opération, l'on trouve que le mètre dont il s'agit vaut 4 fr. et que par conséquent le droit de 6 fr. représente 150 p. 100 de la valeur de la marchandise, il devient clair que ce droit est à peu près prohibitif. Le travail que nous venons d'indiquer rentre encore dans les attributions du *bureau de statistique*. Il n'est pas moins important pour la correspondance commerciale que ne l'est celui dont nous avons déjà parlé, pour la correspondance politique, et malheureusement il se néglige aussi quelquefois.

Elles lui offrent un beau rôle à jouer et un noble but à atteindre. Le rôle est celui de conciliateur entre les prétentions plus ou moins exclusives et les plaintes plus ou moins exagérées, que ne cessent d'élever chacun de son côté et comme à l'envi, au sujet des tarifs respectifs, notre commerce et le commerce étranger, prétentions et plaintes d'ailleurs que notre ministère du commerce d'une part et les légations étrangères à Paris de l'autre, semblent presque toujours se croire obligés d'admettre sans critique et de soutenir dans toute leur étendue. Le but est de consolider et d'étendre, par des concessions réciproques, entre la France et les pays étrangers, des relations de commerce mutuellement avantageuses et qui deviennent les fondements les plus assurés d'une amitié sincère et durable. Mais, pour jouer ce rôle et pour atteindre ce but, il faut que le ministère des affaires étrangères se livre à des études assez approfondies, assez persévérantes, pour être toujours à même de faire prédominer les calculs exacts, larges et libéraux de l'intérêt commun sur les calculs faux, étroits et égoïstes des intérêts particuliers engagés dans la lutte. S'il ne se mettait pas en état de tenir la balance entre eux, et s'il se bornait à rester spectateur de leurs querelles, transmettant fidèlement et sans observations de l'un à l'autre, les prétentions et les plaintes réciproques, outre qu'il s'attirerait ainsi fort peu d'estime, on ne saurait prévoir à quel degré fâcheux de mésintelligence les récriminations des deux parts finiraient par amener les pays respectifs. Si d'ailleurs le ministère des affaires étrangères, pour échapper au reproche d'inaction, prenait parti, sans avoir bien mûrement examiné de quel côté sont la justice et l'utilité, les résultats ne seraient guère meilleurs. Supposons, en effet, qu'adoptant pour guide unique l'intérêt national plus ou moins légitime et bien entendu, il se fît le simple écho des réclamations de notre commerce, les étrangers s'irriteraient vivement d'une conduite si peu conciliante, qu'ils ne sauraient expliquer de sa part (comme de la part du ministère du commerce) par une préoccupation d'esprit toute spéciale : ils y verraient des sentiments d'hostilité déguisés. Que si, au contraire, recherchant trop exclusivement les avantages d'une bonne entente diplomatique, il se faisait l'avocat bénévole des légations étrangères, il exaspérerait notre commerce, qui lui reprocherait, non sans fondements au moins apparents, de manquer de patriotisme.

Pour discuter ces questions de commerce extérieur, qui sont des plus complexes, on avait établi en France, il y a vingt-quatre à vingt-cinq ans et à l'imitation de l'Angleterre, ce qu'on appelait le *bureau de commerce*. Présidé par un haut fonctionnaire d'une capacité éprouvée, ce bureau se composait; 1° du directeur de l'agriculture et du commerce au ministère de l'intérieur; 2° d'un des directeurs aux affaires étrangères; 3° du directeur des colonies au ministère de la marine; 4° enfin du directeur des douanes au ministère des finances. Par cette composition, on mettait en présence les personnes de l'administration, qui, à des

points de vue différents, étaient appelées, par leurs
occupations ordinaires, d'abord à se former une opinion sur les divers intérêts engagés dans les questions
à débattre, ensuite à concourir pour l'exécution des
mesures à prendre. Ainsi, le directeur de l'intérieur
était dans le bureau l'organe des conseils du commerce, de l'agriculture et des manufactures séant près
de son ministère, c'est-à-dire, le représentant des
intérêts industriels et du système que ses partisans
appellent *protecteur* et ses adversaires *prohibitif*. Le
directeur des affaires étrangères, qui désirait l'exten-
sion des relations commerciales à l'extérieur, comme
la base la plus sûre de bonnes relations politiques,
professait, sinon *le libre échange*, du moins des principes assez libéraux et favorables aux transactions internationales. Le directeur de la marine, prohibitif,
quand il songeait aux colonies qui vivent d'un régime
d'exception, devenait libéral, quand il pensait à la
navigation marchande, qui ne saurait prospérer sans
la facilité des échanges. Enfin le directeur des finances
défendait surtout l'intérêt du Trésor, et, à ce point
de vue, il était aussi peu porté pour les prohibitions
absolues, qui ne rapportent rien au fisc, que pour les
réductions de droits trop considérables, qui en dimi-
nuent les revenus. Les deux champions principaux
et opposés dans le bureau de commerce étaient évidemment les directeurs de l'intérieur et des affaires
étrangères. Leurs deux collègues, avec le président,
faisaient entre eux l'office de modérateurs et de juges.
On s'était flatté d'obtenir et on obtenait en effet de

ces conférences du bureau de commerce des avis plus
complets, plus approfondis et beaucoup plus prompts,
que ceux qu'on aurait pu attendre d'une correspondance administrative entre les mêmes personnes, sous
le nom de leurs ministres respectifs. Le bureau portait
d'ailleurs ses avis, rédigés sous la forme de rapports, à
un *conseil supérieur de commerce*, dont il faisait lui-
même partie, et qui se composait de tous les ministres
secrétaires d'Etat, de quelques autres hauts fonction-
naires et de membres du parlement, indiqués par leurs
connaissances spéciales dans la matière. Alors, avait
lieu une seconde délibération, dont le résultat se con-
statait à la majorité des voix. Puis enfin, le conseil des
ministres prenait, seul et sous sa responsabilité, une décision. Cette décision, il faut le reconnaître, avait toutes
les chances possibles d'être éclairée. Mais depuis qu'un
ministère particulier du commerce a été créé, on a
détruit sans nécessité, à notre avis, tout ce système,
qu'on aurait pu très utilement maintenir avec quelques
modifications. On a bien établi, outre les anciens conseils du commerce, de l'agriculture et des manufactures, qui ont été conservés, un nouveau conseil supérieur de commerce, dont font partie les chefs d'administration, qui étaient autrefois membres du bureau.
Mais d'une part, ces derniers se trouvent complétement
absorbés et annulés dans le nouveau conseil, qui est
très nombreux et renferme beaucoup de personnages
considérables, où dès lors la discussion ne peut plus
être suffisamment approfondie ni libre de la part des
hommes d'affaires, où enfin est arrivée à régner à peu

près sans conteste, l'opinion favorable au système protecteur. D'une autre part, les ministres, autres que celui du commerce, n'assistent point au nouveau conseil supérieur. Il en résulte que lorsqu'ils se réunissent pour décider quelque question de commerce extérieur, ils n'entendent plus, comme autrefois, une discussion préalable entre gens experts et préparés, mais seulement l'avis du ministre intéressé, avis toujours conçu dans le même esprit et auquel aucun d'eux, en une matière aussi spéciale, ne saurait naturellement faire d'objection sérieuse.

Les affaires *contentieuses* consistent dans *les discussions de droit qui s'élèvent entre les diverses nations, soit pour leurs intérêts généraux d'État à État, soit pour les intérêts privés de leurs citoyens.*

Cette définition seule indique que le nombre de ces affaires est en quelque sorte infini, comme celui des rapports internationaux, tant généraux que privés, qui leur donnent naissance; et il serait aussi difficile que long, de donner une idée un peu complète de leur nature, même en procédant par voie de catégories. On se bornera donc à remarquer :

D'une part, que les discussions auxquelles ces affaires donnent lieu reposent sur deux bases, 1° sur l'interprétation des stipulations positives des nombreux traités en vigueur concernant la politique, le commerce, la navigation, les droits et les devoirs des agents respectifs soit diplomatiques soit consulaires, les limites, les extraditions, la juridiction, les liquidations de créance, le transport des lettres, etc.; 2° sur l'application à tous

les cas non prévus par les traités, des principes univer-
sels du droit des gens, tant ceux entièrement consacrés
par l'usage général des nations, que ceux qui reposent
principalement encore sur la raison et l'équité naturelles, sources du droit des gens ;

D'une autre part, que ces discussions peuvent s'appliquer à tous les actes, quels qu'ils soient, des autorités administratives, militaires et judiciaires, aussi
bien qu'aux lois mêmes des pays respectifs, sous le point
de vue de l'accord rigoureux que ces actes et ces lois
doivent présenter, soit avec les stipulations positives
des traités, soit, en l'absence de traités, avec les principes du droit des gens.

Les affaires *contentieuses* touchent, comme on le
voit, à des intérêts aussi multipliés que divers et de
tous les instants. Elles soulèvent une foule de questions
spéciales et plus ou moins compliquées. Enfin elles
exigent d'autant plus d'habileté dans la discussion, que
s'agitant de pays indépendant à pays indépendant,
l'absence d'un juge commun (sauf le cas assez rare de
l'arbitrage) ne laisse guère à chaque partie d'autre
chance de succès que celle de convaincre sa partie adverse. L'expérience prouve d'ailleurs (et cela s'explique
peut-être par la susceptibilité des amours-propres) que
pour conduire à un résultat si difficile, les appels à
l'équité naturelle ont souvent plus d'efficacité que les arguments de droit rigoureux, et que les citations d'exemples, soit semblables, soit seulement analogues, les *précédents*, en un mot, jouissent d'une autorité plus fréquem-
ment déterminante que toute espèce de raisonnements.

Il est évident en outre, que dans ces sortes de questions, les transactions à peu près bonnes, ménagées de longue main et conclues à propos, sont et doivent être en général considérées comme un succès satisfaisant. Aussi, l'examen et la conduite des affaires *contentieuses* du ministère des affaires étrangères, plus que ceux de toutes les autres peut-être, ne doivent-ils être confiés qu'à des personnes consommées dans la pratique. Malheureusement, c'est sous ce rapport que le ministère a le moins réparé les pertes qu'il a faites en hommes capables. Ce qu'on y appelait jadis des *publicistes*, n'y existe plus, pas même de nom. Or, des publicistes connaissant sur chaque question, non seulement tous les principes des auteurs et tous les articles des traités, mais encore tous les *précédents* enfouis dans les archives du ministère, ont toujours été des gens rares et très longs à former. Qui voudrait aujourd'hui, d'ailleurs, d'une existence aussi laborieuse et aussi modeste ! Nous aurons occasion de revenir sur ce sujet.

Nous nous bornerons à remarquer dès à présent, que si l'on croyait pouvoir remplacer des publicistes par de simples légistes, on tomberait dans une grave erreur et que le pays paierait sans doute fort cher, quelque habiles que fussent ces derniers dans leur sphère. Certes, les légistes sont excellents et très excellents à consulter dans les affaires du contentieux diplomatique. Mais leur voix n'y doit pas être entendue seule, ni même y rester prépondérante. Outre qu'ils n'ont jamais suffisamment ni les connaissances de fait, ni les habitudes conciliantes que demande la bonne conduite de ces af-

faires, ils éprouvent en général une tendance diamétralement opposée au principe fondamental de la matière,
lequel est la prééminence des stipulations des traités et
même celle des maximes du droit des gens universel,
sur les législations territoriales. Sans nier absolument
ce principe en thèse générale, les légistes sont enclins
dans tous les cas particuliers à y substituer celui de la
prééminence de la loi territoriale sur les traités et à plus
forte raison sur le droit des gens. Que de discussions à
ce sujet entre le ministère des affaires étrangères et celui de la justice ! Or, cette tendance est ce qu'il y a de
plus funeste en droit international : elle ne conduit pas
seulement à élever chez soi des prétentions excessives
et irritantes, elle conduit aussi à faire chez les autres
des concessions inutiles et désastreuses. La France en
outre est de tous les pays (sauf peut-être les Etats-Unis
à quelques égards) celui qui a tout à la fois l'intérêt le
plus direct et le droit le mieux établi à soutenir les vrais
principes dans ces sortes de questions. D'une part, en
effet, l'esprit général de sa législation à l'égard des
étrangers est tellement libéral et conforme aux géné-
reuses maximes des publicistes, que, loin d'avoir aucun intérêt à contester l'autorité de ces maximes, elle
en a au contraire un très grand à obtenir qu'elles soient
observées envers ses nombreux citoyens répandus dans
les diverses parties du monde; et d'une autre part, elle
peut fonder ses réclamations dans ce sens sur le droit,
sinon parfait du moins fort respectable, de la réciprocité.

CHAPITRE III.

De la liaison des Affaires diplomatiques.

La division des principales affaires diplomatiques en *politiques, commerciales* et *contentieuses* est, comme on vient de le voir, suffisamment claire et logique en théorie. Ces affaires touchent à des matières distinctes; elles reposent sur des faits d'ordres différents; elles exigent des études spéciales ; elles forment en quelque sorte trois sciences à part. Cependant et comme on va le voir maintenant, les intérêts divers auxquels se rapportent ces trois classes d'affaires, tendent sans cesse, dans la pratique, à se confondre les uns avec les autres, par suite de la liaison intime et de tous les instants qui existe entre eux ; de telle sorte qu'il n'y a, pour ainsi dire, pas de questions diplomatiques absolument simples et ne touchant qu'à un seul intérêt, politique, commercial ou contentieux, mais qu'au contraire la plupart de ces questions sont complexes

4

et affectent au moins deux de ces intérêts, quelquefois tous les trois ensemble.

C'est du reste, pour le dire en passant, sur cette liaison que repose l'objection dont nous avons parlé au commencement du chapitre précédent, et d'après laquelle toute division des affaires diplomatiques en classes distinctes ne serait pas fondée en réalité.

Dans presque toutes les questions internationales d'une certaine importance, les intérêts *commerciaux* se trouvent mêlés aux intérêts *politiques*. Cet état de choses est particulièrement sensible depuis les grands progrès de la civilisation, et il tend à se développer de plus en plus avec elle. La lecture attentive de l'histoire des cent dernières années démontre que dans toutes les guerres, dans toutes les négociations, dans tous les traités de cette période de temps, les intérêts de commerce et de navigation ont eu une influence souvent principale et toujours considérable. A mesure au surplus que ces intérêts sont ainsi entrés dans la politique, les négociations et les guerres uniquement fondées sur des idées de conquêtes et de remaniements de territoire, sont devenues plus rares, et dans les dernières et gigantesques luttes de cette nature, qui ont eu lieu au commencement du siècle, les intérêts commerciaux ont du moins joué un rôle très digne d'attention. L'Angleterre, placée au premier rang parmi les puissances qui ont soutenu ces luttes contre la France, nous a principalement combattus pour l'établissement et avec les profits de son monopole, et le froissement que le blocus continental a fait su-

bir aux intérêts ou même seulement aux habitudes
économiques des autres pays d'Europe, a contribué
pour beaucoup à les soulever contre nous. Méconnaître aujourd'hui l'importance capitale des intérêts commerciaux en diplomatie, pour se borner à l'étude et
à la poursuite de combinaisons purement politiques et
souvent surannées, c'est commettre une méprise analogue à celle de ces personnes, qui naguère et bien
qu'elles fussent assez souvent obligées de se plier aux
nécessités des faits économiques, ne voulaient cependant assigner à ces faits qu'une place très secondaire
dans leurs calculs de politique intérieure, considéraient
le ministère de l'agriculture et du commerce comme
un *petit* ministère, s'imaginaient que l'art de gouver-
ner consistait surtout, si ce n'était uniquement, dans
des manœuvres plus ou moins habiles pour faire fonc-
tionner sans trop de secousses la machine constitutionnelle, et croyaient n'avoir à s'inquiéter sérieusement
de rien, tant qu'elles conserveraient la majorité dans
le parlement, dans le *pays légal*.

Voyons au surplus, en nous renfermant dans le
côté diplomatique de la question, ce qui s'est passé,
seulement depuis quelques années, sous nos yeux, et
ce qui s'y passait tout récemment encore, avant l'état
exceptionnel et transitoire où se trouve en ce moment
l'Europe (1).

(1) Il est évident que les développements dans lesquels nous allons entrer touchant l'importance des intérêts commerciaux en diplomatie ne sauraient avoir aucune application immédiate à l'état
présent des choses, du moins en ce qui concerne notre pays, ainsi
que ceux qui se trouvent dans une situation intérieure analogue,

Nous citions déjà tout à l'heure l'Angleterre, et son nom seul, avec toutes les idées de prospérité, de grandeur et de puissance qu'il réveille, suffirait à prouver la justesse de la thèse que nous soutenons. Car l'Angleterre ne dirige presque absolument sa politique que d'après des intérêts de commerce et de navigation, et pourtant on est sûr de la trouver mêlée à chacune de toutes les affaires de l'Univers. Si un tel spectacle pouvait rencontrer des aveugles, ce ne devrait du moins pas être en France, second pays industriel du monde. Mais tout gouvernement qui, satisfait de répéter ces vérités aujourd'hui banales, n'en suivrait pas avec le

---

Mais, nous le répétons, cet état de choses est purement transitoire. Une fois la France et l'Allemagne constituées sur des bases nouvelles et solides, ces deux grands foyers de l'industrie et de la civilisation du continent recommenceront entre eux et avec l'Angleterre, la lutte commerciale et toute pacifique qu'ils ont soutenue jusqu'ici avec tant d'avantages pour eux-mêmes, aussi bien que pour le reste du monde, y compris leur puissante rivale. Cette lutte devra même devenir plus profitable pour tous par l'adoption de doctrines commerciales plus larges, plus libérales et plus conformes aux doctrines politiques actuelles. Alors, il se produira sans doute, comme conséquences des grands changements que subit en ce moment le continent européen, des faits tout nouveaux et absolument différents de ceux que nous allons citer pour l'explication de nos idées. Des combinaisons neuves et impossibles à prévoir encore dans leurs détails devront s'ouvrir. C'est même dans cette persuasion que nous allons parler avec quelque liberté et sans craindre que nos paroles aient aucun inconvénient, de certaines combinaisons anciennes, auxquelles on ne saurait plus attacher de valeur, que comme enseignements historiques. Mais, quant à nos idées elles-mêmes, nous sommes convaincus que tôt ou tard elles retrouveront leur application. Dans le cas contraire et si, par impossible, les travaux industriels et les calculs commerciaux ne reprenaient pas dans la politique tant intérieure qu'extérieure de la France et de l'Allemagne la place qui leur appartient, il faudrait s'attendre à voir les plus grands maux fondre sur ces deux pays et la civilisation rétrograder en Europe. Notre patriotisme se refuse à admettre la chance d'un tel avenir.

plus grand soin l'application aux faits de chaque jour, risquerait fort d'assister au développement des actes de la politique britannique, sans en comprendre, la plupart du temps, ni le sens ni la portée. Cette attention persistante est d'autant plus nécessaire, depuis quelques années surtout, que si le but de la politique anglaise n'a point changé et doit au contraire devenir de plus en plus exclusif, les voies qu'elle suit ne sont pas toujours les mêmes qu'autrefois; cela s'explique par ce fait si considérable que la direction de cette politique n'est plus absolument dans les mêmes mains. Naguère encore, c'était l'aristocratie seule qui régissait l'Empire, et aujourd'hui elle commence à subir les inspirations de la bourgeoisie. L'Angleterre était gouvernée *pour* le commerce et elle tend à l'être *par* le commerce, ce qui est bien différent. Nous en pouvons trouver un frappant exemple chez nous-mêmes. Dès lors, de ce que l'Angleterre aurait fait jadis dans un cas donné, celui qui conclurait à ce qu'elle va faire aujourd'hui, serait grandement exposé à se tromper du tout au tout; et il y a certaines affaires où une telle erreur deviendrait capitale.

L'Amérique tout entière n'a guère offert jamais aux combinaisons des hommes d'Etat de l'Europe que des intérêts de commerce et de navigation. Ces intérêts ont changé de forme depuis la fin du siècle dernier, par la substitution du commerce libre au commerce de monopole, sur la totalité, pour ainsi dire, du continent américain, dans les immenses et opulentes colonies de l'Angleterre, de la France et de l'Espagne.

Par une conséquence naturelle, ces intérêts n'ont plus été, comme jadis, le sujet de négociations et de guerres à peu près incessantes entre les cabinets européens. Aux luttes politiques et violentes a succédé une concurrence commerciale et pacifique. Mais pour cela, l'importance de ces intérêts n'a pas diminué, comme l'ont paru croire malheureusement beaucoup de personnes que leur rang et leur réputation dans l'État auraient dû mettre au-dessus des préjugés de la multitude, dont le penchant naturel, en politique, ainsi qu'en toute chose, est de n'admirer que l'éclat et le bruit (1). Les nations d'Europe, qui avaient éprouvé des pertes à la disparition du commerce de monopole, ont trouvé (sauf l'Espagne) des compensations supérieures à leurs pertes dans l'établissement du commerce libre. D'autres nations, qui jusque-là avaient été privées du bénéfice des relations avec l'Amérique, ont commencé à y prendre part. Enfin ces relations ont dû devenir de plus en plus précieuses pour tous les États européens, à mesure que leur industrie faisant de nouveaux progrès et leur production dépassant leur consommation, ils avaient cependant paru tendre à cesser tout commerce entre eux, par suite de cette

(1) Un illustre orateur, qui plus tard devait devenir ministre des affaires étrangères, et devant lequel on s'étonnait un jour de notre indifférence présente pour l'Amérique, tandis que presque toutes nos grandes guerres du siècle dernier avaient eu pour cause unique ou première nos intérêts dans cette partie du monde, s'écria : *La France s'intéressait à l'Amérique dans le dix-huitième siècle, parce qu'elle avait à y mesurer ses forces contre celles de l'Angleterre !* A entendre ces paroles, il eût semblé que la France et l'Angleterre ne s'étaient battues en Amérique, que pour le plaisir et la gloire de se battre, comme dans un tournoi !

singulière prétention, écrite dans leurs tarifs de douanes, de fabriquer tous les mêmes choses et de se vendre toujours sans jamais s'acheter. Ce n'est pas d'ailleurs comme débouché au superflu de la production seulement que l'Amérique a acquis pour l'Europe une importance toute nouvelle et considérable. C'est aussi comme moyen d'écoulement au superflu de la population, superflu qui est le bienfait, mais en même temps l'embarras de la paix, et qui, croissant tous les jours, devient tous les jours plus difficile à occuper et à nourrir. Il est à remarquer en outre que cet écoulement de l'excédant de la population, si précieux en lui-même, est l'auxiliaire le plus efficace de celui de l'excédant de la production. Tel Européen qui, dans son pays et sans qu'il y ait de sa faute, n'est qu'un prolétaire à charge à ses concitoyens et quelquefois dangereux pour leur tranquillité, devient en Amérique, dès qu'il y travaille un peu pour gagner beaucoup d'argent (et il n'y va que pour cela) un consommateur utile à l'industrie nationale; car il conserve, là où il est transplanté, le goût des produits de son pays. Non seulement il conserve ce goût, mais il en donne l'exemple et il finit par le faire partager à la population indigène. Lorsque les colonies espagnoles se sont émancipées, on n'y voulait d'abord que des produits venant ou imités de l'Espagne. Plus tard on y a recherché les produits de l'Angleterre, parce que les Anglais, arrivés les premiers, ont apporté et propagé leurs habitudes et leurs goûts. Enfin nos Français sont venus à leur tour et en plus grand nombre à eux seuls que tous les autres Européens ensemble, faisant des opérations moins vastes que celles des Anglais, mais plus multipliées, et soutenant ainsi la concurrence, presque partout avec un succès égal, dans quelques endroits avec une supériorité décidée. C'était au reste pour la France, parmi tous les États européens, que les changements survenus dans le nouveau monde, et principalement l'émancipation des colonies espagnoles, avaient semblé dès l'origine promettre les plus grands avantages. Il y avait évidemment pour elle, dans la transformation de l'Amérique, une sorte de faveur providentielle. D'une part, placée, nous l'avons déjà dit, au second rang des principales puissances industrielles du monde; voyant s'accroître chaque année sa production invendue et sa population sans emploi; s'étant mise à la tête pourtant des promoteurs les plus ardents du système d'isolement européen par les tarifs de douane; ayant enfin perdu, pour ainsi dire, tous les débouchés privilégiés que lui offraient autrefois ses nombreuses et riches colonies, la France, plus qu'aucun autre État, avait besoin de marchés nouveaux. D'une autre part, et grâce à la nature spéciale des produits de son sol et de son industrie, qui était précisément conforme aux habitudes et aux goûts des populations indigènes; grâce encore et surtout aux heureuses analogies de caractère, de langage et de religion, qui existaient entre ces populations et la sienne, la France, plus qu'aucun autre État, se trouvait en mesure d'exploiter, avec d'immenses profits, les nouveaux marchés d'Amérique. Malheureusement, depuis trente années, nos

gouvernements, absorbés par des intérêts souvent
moins importants mais plus voisins, n'ont jamais accordé une attention sérieuse et soutenue aux affaires
transatlantiques. Ils n'ont jamais voulu voir qu'à côté
de ces intérêts commerciaux, déjà si dignes d'examen
par eux-mêmes, se trouvaient des intérêts politiques
de premier ordre et précisément d'une nature à les
toucher bien vivement, puisque, au fond de la question, il s'agissait d'un des moyens les plus naturels et
les plus efficaces d'assurer la richesse et la tranquillité
du royaume, par conséquent le maintien de leur pouvoir. La monarchie de 1830 surtout a de grands re-
proches à se faire sous ce rapport; car le cours du
temps avait rendu la question bien plus grave et plus
pressante pour elle. Nous avons parlé un peu longuement de l'Amérique, et pourtant nous y reviendrons.
Nous croyons le sujet aussi important que mal connu.
    Dans la Méditerranée et chez les nombreuses na-
tions dont cette mer baigne le territoire, la diplomatie
étrangère n'a certainement pas moins à s'exercer sur
des intérêts commerciaux que sur des intérêts politiques.
    Ainsi, par exemple, l'Espagne qui, dans ses mo-
ments de tranquillité intérieure, occupe le troisième
rang parmi les consommateurs des produits de notre
industrie, et qui depuis plus d'un siècle nourrit et
souvent enrichit sur son territoire, dix-huit à vingt
mille marchands ou artisans français s'y renouvelant
sans cesse, nous offre assurément, et bien que dans
diverses occasions nous ayons paru l'oublier, d'autres

objets dignes de notre attention que les questions politiques, d'ailleurs fort importantes, qui peuvent s'y agiter.
Les affaires commerciales et contentieuses y abondent.

Ainsi encore, Alger, s'il n'avait jamais dû être
qu'un trophée et une position militaire de plus, n'aurait pas inspiré dès le principe un intérêt si vif à Mar-
seille et aux départements voisins. Dans des conditions
différentes, plus faciles à certains égards, plus difficiles
à d'autres, Alger nous a toujours offert des ressources
analogues à celles que nous a présentées l'Amérique,
pour l'écoulement de notre population et de nos marchandises. Cela était clair depuis longtemps pour
quiconque voulait y regarder. Cependant et malgré le
voisinage, nous avions jusqu'ici négligé ces ressources.
Il n'a pas moins fallu que de terribles commotions
sociales pour nous décider à en faire usage.

Quant à cette immense question d'Orient qui, il y
a quelques années, a si violemment agité l'Europe, et
qui, selon toute apparence, doit l'agiter plus d'une
fois encore avant sa solution définitive, n'aperçoit-on
pas facilement, au milieu de toutes ses complications,
qu'elle est commerciale autant que politique? Si la
Russie ne perd jamais l'occasion de faire un nouveau
pas vers Constantinople, et si l'Angleterre, plus ou
moins résignée à l'y voir arriver un jour, n'épargne
cependant aucun effort pour retarder sa marche, est-ce
seulement parce que la Russie acquerrait dans Constantinople une position militaire formidable? N'est-ce
pas aussi parce qu'elle y trouverait une position admirable et privilégiée pour le plus riche commerce?

Si d'ailleurs, en 1840, l'Angleterre, momentanément rassurée sur ce danger par les promesses que lui prodiguait le gouvernement russe pour rompre son alliance avec nous, s'est, sinon déterminée à abandonner cette alliance, du moins hasardée à faire tout ce qu'il fallait pour la perdre, n'est-il pas évident qu'elle a été amenée à courir une chance aussi grave, non pas seulement par sa confiance peu flatteuse dans notre longanimité, mais aussi par le désir, pour ainsi dire irrésistible, d'empêcher la consolidation en Egypte et en Syrie d'un état maître de deux routes commerciales vers la mer des Indes ? Qu'on se figure, en effet, dans un avenir quelconque, l'affermissement d'un état semblable, coïncidant avec l'entrée triomphante des Russes à Constantinople et le rayonnement naturel de leur influence sur les contrées voisines, puis qu'on juge si les Anglais, dans leur prévoyance à juste titre renommée, pouvaient laisser échapper l'occasion d'éloigner indéfiniment une combinaison aussi menaçante pour eux ? L'occasion était si belle, si facile d'ailleurs ! Il leur a suffi de bombarder Saint-Jean-d'Acre, pour fermer par l'anarchie prévue de la Syrie, celle des deux routes la moins accessible à leurs armes, et pour placer la seconde sous leur dépendance, en isolant et affaiblissant celui qui en restait dépositaire !... Nos propres intérêts dans la question d'Orient sont également politiques et commerciaux. Nous ne croirions pas convenable d'entrer à cet égard dans de grands détails. L'affaire est trop flagrante. Mais nous ne pouvons pas nous empêcher de remarquer combien il importe que le ministère des affaires étrangères étudie avec soin nos divers intérêts dans la question, afin d'apprécier bien exactement à quel point ils se sont modifiés depuis le siècle dernier. Il importe également de noter scrupuleusement les changements, tant absolus que relatifs, qui se sont opérés depuis la même époque dans nos moyens d'action sur le sort de l'empire ottoman. Si nous eussions fait cette double étude jadis et en temps opportun, il est permis de croire que, placés d'une manière aussi favorable que nous l'étions, entre l'Angleterre et la Russie, toutes deux excitées par des intérêts considérables et contraires ; pouvant à notre gré faire pencher la balance au profit de l'une d'elles indifféremment par le poids décisif de notre alliance ; n'ayant d'ailleurs pas d'intérêts personnels assez impérieux pour nous gêner beaucoup dans nos déterminations, nous aurions dû nous préparer pour 1840 un résultat moins inouï que celui de réunir contre nous les deux rivales et de ne recueillir que dommage et humiliation, là où, avec un peu d'étude et de prévoyance, nous pouvions espérer profit et honneur. Nous avons donné en cette occasion une éclatante et triste preuve du danger qu'il y a, en diplomatie, à ne pas consulter les faits avant tout, et à prendre des souvenirs pour des actualités, des sentiments pour des intérêts et de l'éloquence pour de la raison. Que du moins l'expérience nous profite, autant que le permettront des circonstances nouvelles, qui, selon toute apparence, ne vaudront jamais pour nous celles dont nous n'avons pas su tirer parti !...

Tous les détails importants de cette question d'Orient ne sont pas encore connus. L'histoire en sera racontée un jour. On y verra entre autres choses et outre le développement des idées qui viennent d'être indiquées, que si nous eussions tenu ferme jusqu'au bout dans la voie périlleuse, où une succession d'actes inconsidérés nous avait engagés, nous pouvions au moins sauver notre honneur, mais que nous avons reculé, comme nous avions avancé, lorsque précisément il fallait faire le contraire. On verra aussi que les hommes sur lesquels le gouvernement d'alors s'est constamment efforcé de rejeter les torts et la responsabilité de notre mésaventure, sont pourtant les seuls qui n'aient point contribué à faire naître le péril et qui lui aient fait courageusement face, lorsqu'il s'est présenté et que nous n'avions plus d'autre chance de salut que le courage (1).

Au nord de l'Europe, en Allemagne, où jadis l'on était surtout disposé à placer le siége de la politique pure, on a pu faire dans ces dernières années des observations semblables à celles que nous venons de présenter et peut-être plus remarquables encore. Dans cette association des douanes allemandes qui peu à peu

_____

(1) Dès 1833, après la bataille de Koniah et l'arrangement de Kutaïeh, un de nos agents diplomatiques écrivant à plusieurs de ses amis du département des affaires étrangères à Paris, examinait rapidement les changements qu'avaient subis nos intérêts et nos moyens d'action en Orient depuis le siècle dernier, discutait les changements correspondants qui devaient en être la conséquence dans notre système politique, et exprimait la crainte que nous ne conservassions sur la question des idées surannées et sans application utile possible.

s'était groupée autour de la Prusse; la plupart des gens ne soupçonnaient à l'origine qu'une coalition commerciale résolue de faire fléchir, suivant son intérêt et par la menace de représailles, les dispositions restrictives que les pays voisins avaient adoptées dans leurs tarifs d'importation pour protéger chez eux l'industrie nationale; et cela seul paraissait déjà digne d'une sérieuse attention. Mais des observateurs plus sagaces avaient annoncé en outre qu'une communauté d'intérêts aussi vivaces, aussi essentiels que ceux du commerce devait plus ou moins promptement créer entre les membres de cette communauté, des liens politiques. Or, c'est ce que chacun a vu et compris plus tard, en admirant d'ailleurs, comme une des plus habiles conceptions de la diplomatie moderne, cette association mercantile, qui sans bruit, sans secousse et au grand profit de son inventeur, avait scindé la confédération germanique et y avait déplacé l'influence, malgré des traités politiques, réputés alors aussi forts qu'ils étaient récents et qui avaient été combinés dans un tout autre but, malgré la puissante rivalité de l'Autriche, malgré enfin l'opposition de la France, qui à la vérité aurait pu se montrer plus habile. Aujourd'hui, qu'adviendra-t-il de tout cela? Nul ne saurait le dire. On peut présumer seulement que l'union douanière, qui a certainement contribué à fortifier dans les esprits l'idée de l'unité gouvernementale en Allemagne, aura jusqu'à un certain point le sort de cette nouvelle entreprise. Si l'unité gouvernementale s'établit ou du moins si le lien fédératif

existant se fortifie, l'union douanière se consolidera et
s'étendra. Dans le cas contraire et surtout si les dés-
accords entre les parties intéressées sont violents,
elle pourrait bien se dissoudre; mais nous ne pensons
pas que dans aucun cas elle puisse disparaître : elle
devrait seulement se transformer. Quoi qu'il arrive au
surplus, la conception du gouvernement prussien n'en
sera pas moins recueillie par l'histoire, au grand honneur des hommes d'état, qui sortant hardiment de
l'ornière de la routine et bravant les criailleries irré-
fléchies de l'intérêt privé, avaient su aussi bien comprendre et mettre à profit dans l'intérêt général de
leur pays, l'esprit et les tendances de leur époque.

En regardant enfin tout à côté de nous, n'est-il
pas évident que l'avenir politique de la Belgique, depuis qu'elle existe comme Etat indépendant, a principalement reposé, tant sous le rapport de sa situation
intérieure que sous celui de ses relations diplomatiques, sur des faits commerciaux ? N'est-il pas vrai
en effet, que la richesse merveilleuse de la Belgique
consiste dans ses productions agricoles et manufactu-
rières; que celles-ci dépassent et de beaucoup sa consommation; que ce pays ayant perdu en 1830, le
marché privilégié qu'en 1814, la Hollande lui avait
offert comme compensation déjà insuffisante de celui
de la France, pour la vente de ses productions, il lui
a fallu chercher le moyen de les écouler de par le
monde, en dépit de la concurrence et des douanes de
ses compétiteurs; que ses nombreux efforts dans ce
but, magnifiques constructions de chemins de fer,

savantes combinaisons de tarifs et habiles négociations
diplomatiques, tout dignes d'éloges qu'ils sont, n'ont
pas été toujours couronnés d'un plein succès; que,
palliatifs très précieux, ils n'ont cependant pas fait
disparaître complétement le mal; et que même la
présence de celui-ci s'est quelquefois révélée par des
symptômes d'une haute gravité? Or, on ne saurait
guère nier absolument, aujourd'hui, après ce que
nous avons vu et éprouvé, que les embarras économiques de la Belgique, combinés avec les luttes des
partis qui s'y sont disputé le pouvoir, n'eussent pu
(pour ne parler que du passé) amener dans la situation
intérieure de ce pays des complications plus ou moins
périlleuses pour sa tranquillité, pour la stabilité de
son gouvernement et par conséquent pour la durée
de son indépendance. Quelle question politique cependant c'eût été à débattre de nouveau en Europe,
à l'occasion de simples intérêts commerciaux, que
celle de savoir si la Belgique pouvait ou ne pouvait
pas subsister seule et par elle-même! Mais, sans insister davantage sur ces conséquences extrèmes, ce
qui semble du moins hors de toute contestation, c'est
que l'alliance et le dévouement de la Belgique ont
toujours été dévolus d'avance à celui de ses voisins
qui lui viendrait efficacement en aide dans ses embarras économiques.... Toutes ces choses avaient été
exposées avec d'assez grands développements, dès
1831, par les bureaux des affaires étrangères. Mais
des raisonnements et des calculs sur les futurs contin-
gents ne sont jamais suffisamment persuasifs pour

ceux qu'ils contrarient. Il faut que les faits arrivent. Notre gouvernement ne voulut rien croire alors de ce que disaient les bureaux des affaires étrangères. Il ne consentit même pas à s'en occuper et à supposer qu'il n'eût pas assuré pour toujours la prospérité et la durée de la Belgique, ainsi que son alliance avec la France, en lui donnant un roi, une constitution, des frontières et un budget. Dans ces dernières années seulement, il avait conçu des doutes, et, inspiré par l'exemple de l'union douanière allemande, il avait pensé très sérieusement à une union de même nature entre la France et la Belgique. Or, chacun sait comment ce projet a échoué, si ce n'est devant la mauvaise humeur de l'Europe, qu'on aurait peut-être laissée bouder, du moins devant les menaces de la fraction industrielle de la majorité de notre chambre des députés (1).

Nous pourrions aisément multiplier les considérations qui précèdent et accumuler les preuves du rôle important qui appartient aux intérêts commerciaux

---

(1) Nous donnons à l'appendice sous le n° 1 un extrait du rapport précité des affaires étrangères en 1831, non pour la partie relative à la Belgique et dont nous venons de présenter l'analyse, mais en ce qui concerne la Hollande. On y remarquera, comme exemple des prévisions politiques qui peuvent s'asseoir sur des faits statistiques et commerciaux, cette prédiction assez hardie en apparence, que la Hollande, alors très animée contre nous et qui avait été l'un des adversaires les plus déterminés de la France pendant toute la durée de la restauration, finirait par prendre d'autres sentiments à notre égard, par suite des changements qui s'opéraient dans sa constitution territoriale et ses intérêts économiques. En effet, la Hollande a été un des pays dont nous avons eu le plus à nous louer depuis assez longtemps et surtout en 1840, pendant la crise amenée par la question d'Orient.

dans presque toutes les questions internationales, même dans celles où, au premier abord, on serait le moins tenté de le supposer. Mais nous croyons en avoir dit assez pour bien éclairer la question.

Quant aux affaires *contentieuses*, nous nous bornerons à indiquer en peu de mots qu'elles se rattachent toutes, plus ou moins étroitement, soit aux affaires *politiques*, soit aux affaires *commerciales*.

D'abord, il en est visiblement ainsi pour les questions d'intérêt général. Par exemple, les contestations concernant les droits et les devoirs des agents diplomatiques respectifs, les limites, les extraditions, les blocus, etc., sont certainement des affaires politiques, puisqu'elles intéressent plus ou moins directement *la sûreté ou la dignité de l'Etat*. De même, les contestations relatives aux droits et aux devoirs des agents consulaires respectifs, à l'interprétation des traités ou réglements concernant le commerce et la navigation, le transport des lettres, etc., sont certainement des affaires commerciales, puisqu'elles affectent les *intérêts généraux du commerce et de la navigation de la France* (1).

_____

(1) Une simple convention postale cache quelquefois une grande affaire politique. Ainsi, sous la restauration, un arrangement de cette nature avait été conclu entre nous et l'Autriche, pour transférer de la Sardaigne à celle-ci le transport de la correspondance entre la France et l'Italie. Nos hommes spéciaux de l'administration des postes s'étaient laissé séduire par un accroissement de célérité et une diminution de frais dans le nouveau mode de communication. Ils n'avaient vu que cela dans la question. Mais les affaires étrangères reconnurent bientôt, un peu tard toutefois, que la convention dont il s'agit donnait à l'Autriche les moyens de police les plus puissants sur l'Italie, et tendait à y accroître outre mesure son influence,

Il suffit, ensuite, de la plus légère attention pour reconnaître qu'il n'en saurait être autrement pour les questions d'intérêt privé, qui se rattachent aux questions d'intérêt général dont nous venons de parler. Lorsqu'il s'élève, par exemple, des contestations diplomatiques sur quelque acte de violence des frontaliers respectifs les uns envers les autres, sur la capture d'un bâtiment neutre par les belligérants, sur l'application de peines réglementaires à un marchand ou navigateur étranger par l'autorité territoriale, etc.; il est clair que ces contestations d'intérêt privé se lient de la manière la plus intime à celles d'intérêt général sur les limites, les blocus, les réglements de commerce et de navigation, qu'elles doivent se décider d'après les mêmes principes, et qu'elles rentrent également dans la catégorie des affaires *politiques* ou *commerciales*. Il convient de remarquer, d'ailleurs, que les discussions d'intérêt particulier finissent souvent par acquérir une haute importance et par décider de la guerre ou de la paix, aussi bien que celles d'intérêt public. Pour ne citer à cet égard que des faits récents et connus de tous, les réclamations in-

en même temps qu'à y détruire la nôtre par l'abandon spontané que nous-mêmes paraissions en faire. Aussi, à l'expiration de cette convention, en 1829, nous montrâmes-nous très résolus à la résilier pour revenir à l'ancien ordre de choses. Des discussions prolongées eurent lieu à ce sujet entre nous et l'Autriche; l'Italie tout entière y prit une part plus ou moins directe et patente, et elle nous fut en grande majorité favorable; enfin la négociation sur une question qui semblait de si peu d'importance au premier abord, devint fort remarquable par l'élévation et la vivacité des considérations et des arguments qui furent mis en avant de part et d'autre.

dividuelles des Américains du nord, dont les navires
avaient été capturés par nos armements de l'empire,
n'ont-elles pas abouti à une mésintelligence assez
sérieuse entre nous et les États-Unis, et les réclamations individuelles des Français contre les iniquités de
toute nature de plusieurs gouvernements de l'Amérique espagnole, n'ont-elles pas amené à la longue
des conflits plus ou moins graves entre la France et
ces gouvernements?

CHAPITRE IV.

———

De la complication des Affaires diplomatiques.

Il peut arriver et même il arrive assez souvent que les divers intérêts engagés dans une question diplomatique, au lieu de se fortifier les uns les autres, se font mutuellement obstacle, en ce sens qu'on s'exposerait à n'en faire prévaloir aucun, si on voulait les faire prévaloir tous, et que pour amener le triomphe de l'un d'eux, il devient nécessaire d'ajourner la discussion des autres, parfois même de les abandonner, pour faire de cet abandon la base d'une transaction, en somme avantageuse. Cela se comprend aisément dans des affaires dont la solution repose en principe sur des accords amiables, par conséquent sur des concessions mutuelles. Mais, en cas pareil, il importe de bien peser et de bien choisir l'intérêt que l'on veut faire prévaloir et celui que l'on consent à négliger. Cela devient dans certains cas assez difficile. Si l'on n'y réflé-

chit pas mûrement et si l'on ne s'entoure pas de toutes
les lumières nécessaires, on s'expose à sacrifier l'intérêt principal au succès de l'intérêt secondaire, chose
bien triste, bien regrettable et pourtant trop fré-
quente.

Dans le cours ordinaire des choses au ministère,
les affaires *commerciales* et *contentieuses* sont sacrifiées
aux affaires *politiques*.

L'élévation et l'éclat des questions qu'offrent à l'esprit ces dernières affaires;

La grandeur (réelle ou apparente) des intérêts et la
distinction des personnages qui se trouvent en jeu;

La facilité de réunir sur la matière une quantité
quelconque de notions générales puisées dans les souvenirs classiques de l'histoire et de la géographie, dans
le spectacle des débats parlementaires, dans la conversation des salons, dans la lecture des journaux, et
même (si l'on prétend à l'érudition) dans l'inspection
rapide de quelques tableaux statistiques, en nombres
généraux et ronds;

La paresse qui s'oppose à ce qu'on quitte volontiers
une occupation facile (du moins en apparence), bril-
lante, agréable et qu'on croit toujours entendre à
fond, pour se plonger dans des travaux ardus, sans
éclat, rebutants et que l'on ne saurait se flatter de
comprendre que d'une manière imparfaite;

La répugnance enfin qu'on éprouve à supposer que
ce qu'on ignore et ce qu'on néglige, puisse être dans
beaucoup d'occasions aussi important que ce qu'on
sait et ce dont on se préoccupe;

Tout, en un mot, semble se réunir pour assurer aux affaires *politiques* dans l'esprit du ministre des affaires étrangères, une prééminence à peu près exclusive sur les affaires *commerciales* et *contentieuses*.

Ce résultat achève de s'expliquer lorsqu'on se rappelle la manière dont se nomment habituellement les ministres des affaires étrangères. En général, on se trouve disposé à reconnaître qu'il faut, pour être ministre de la justice, posséder une certaine réputation comme jurisconsulte; pour être ministre de l'intérieur, avoir pratiqué, ou du moins étudié, avec quelque succès, la science de l'administration; pour être ministre de la guerre, avoir commandé avec distinction dans l'armée; pour être ministre de la marine, avoir dirigé des escadres (bien que l'expérience ait prouvé que ce n'est pas ce qu'il y a de mieux, et qu'à la marine un bon administrateur vaut mieux qu'un bon marin.); pour être ministre de l'instruction publique, avoir acquis quelque illustration littéraire; etc. Enfin, quand il s'agit de pourvoir à la direction d'un ministère quelconque, on tâche ordinairement de choisir un homme qui offre plus ou moins des garanties de la capacité spéciale qui convient. Pour les affaires étrangères, rien de tout cela. On prend, selon l'époque, un grand seigneur, un général, un marin, un magistrat, un orateur, un écrivain, le premier venu, et personne ne songe à élever la moindre objection contre un pareil choix. L'usage à cet égard s'est presque élevé à la hauteur d'un principe. Une telle anomalie provient évidemment de l'idée que les questions diplomatiques reposent uniquement sur ces généralités qu'on appelle de la *politique* et auxquelles tout le monde à peu près est également initié et propre. Or, il en résulte naturellement que les ministres ainsi nommés pour faire de la *politique*, qu'ils appellent tantôt *haute*, tantôt *grande*, dédaignent parfaitement tout le reste, et prennent en profonde pitié ceux de leurs employés qui veulent leur parler d'autre chose. Au milieu de tout cela cependant, et nous le remarquons avec d'autant plus de bonheur qu'on devait moins l'espérer, il s'est trouvé plusieurs bons ministres. D'abord certains hommes, bien rares, qui, nés avec le génie des affaires, savaient ou devinaient tout; quelques autres ensuite, moins éminents mais presque aussi rares, qui ne se croyaient pas la science infuse et qui consultaient leurs bureaux avant d'agir. Heureux d'ailleurs, les uns et les autres, quand ils trouvaient les bureaux assez fortement organisés pour leur présenter les questions sous un jour véritable et complet! (1)

(1) Le ministre des affaires étrangères joue un rôle si important, si élevé, celui de représentant et d'organe de son pays près de tous les autres, que, si l'on ne regarde pas comme nécessaire qu'il ait des connaissances spéciales, on croit du moins généralement qu'il doit être un homme de distinction et occupant déjà par lui-même une haute position sociale. Selon la forme du gouvernement, cet homme se prend à la cour parmi les grands seigneurs, ou dans les chambres, parmi leurs membres les plus éminents. Or, il pourrait être assez curieux d'examiner rétrospectivement laquelle de ces deux classes de personnages, les hommes de cour et les hommes parlementaires, a dirigé avec le plus de succès dans notre pays le ministère des affaires étrangères. Peut-être, malgré le discrédit profond où sont tombés les premiers et la haute renommée dont jouissent les seconds, serait-on amené à reconnaître qu'en masse,

Si pourtant une question *commerciale* ou *contentieuse* jette un certain éclat, prend de l'importance dans le public et surtout devient le sujet quelque peu soutenu des discussions de la presse et du parlement, les ministres sont bien obligés de s'en occuper. Mais alors ils se trouvent et sans avoir rien prévu ni préparé, en face d'affaires déjà anciennes pour la plupart, compliquées par cela seul ou même envenimées, par conséquent d'une compréhension et d'une solution difficiles; ils ne s'y livrent qu'avec d'autant plus de répugnance; enfin ils songent bien moins à les suivre avec toute l'attention et toute la persévérance nécessaires pour leur plein succès, qu'à les terminer tant bien que mal ou à les faire retomber, ne fût-ce que passagèrement, dans leur obscurité primitive. Puis,

la supériorité n'est pas du côté de ces derniers. Leurs rivaux avaient quelques avantages notables et tout particuliers. Les analogies de caste, de mœurs, de goûts et d'idées qui existaient entre eux et les membres du corps diplomatique étranger, facilitaient beaucoup et très utilement la sympathie et la confiance réciproques. La susceptibilité fière et délicate qu'ils tenaient de leur éducation première, ainsi que de l'habitude constante du grand monde, les rendait merveilleusement propres à maintenir dans les relations internationales cet esprit de convenance et de dignité qui y va si bien. C'est en outre un fait assez remarquable et qui s'explique peut-être par le genre de conversation le plus habituel entre le souverain et ses courtisans, qu'on ne rencontre, pour ainsi dire, pas d'homme de haute race, qui ne possède en diplomatie un fonds plus ou moins étendu d'idées générales et justes, quelque ignorant qu'il toute autre matière. Enfin les grands seigneurs sont beaucoup plus disposés à dédaigner les conseils et à se reposer uniquement sur leur supériorité et leur omni-science, que les hommes parlementaires, qui, accoutumés à parler et à décider de tout à la tribune, ne peuvent guère s'imaginer, en arrivant aux affaires, que l'art soit plus difficile que la critique. Notre première République avait fini par confier les affaires étrangères à M. de Talleyrand.

ils retournent avec délices aux affaires politiques,
pour n'en plus sortir de nouveau qu'à leur corps dé-
fendant.

Tel est, nous le répétons, le cours ordinaire des
choses; et l'on peut aisément juger combien il a dû
faire subordonner ou sacrifier d'intérêts réels, positifs et
plus ou moins importants, à des considérations frivoles,
passagères et sans portée, qu'on décorait de noms pompeux. Combien, par exemple, de demandes en rectifi-
cations de tarifs dans l'intérêt de notre commerce, ou
en indemnité pour nos nationaux injustement lésés,
ont été faiblement soutenues ou même indéfiniment
ajournées, pour ne pas risquer de troubler, soit le bon
accord existant entre la France et tel ou tel pays, soit
seulement la bonne position de notre ambassadeur près
de telle ou telle cour! Cependant on eût été la plupart
du temps bien embarrassé de dire à quoi pouvaient servir ce bon accord et cette bonne position, si ce n'était
à faire prévaloir les légitimes intérêts qu'on abandon-
nait.

Quelquefois au surplus, tout le contraire de ce que
nous venons de dire est arrivé. Les ministres des affaires étrangères ont été contraints dans plusieurs occasions de faire entièrement violence à leurs penchants
et de sacrifier à des intérêts commerciaux, dont ils se
souciaient peut-être trop peu, mais qui n'étaient après
tout que d'un ordre secondaire, des intérêts politiques
qu'ils avaient fort à cœur et qui étaient d'une haute
importance. C'est surtout dans ces dernières années qu'il
en a été ainsi, lorsque les députés industriels pouvant, à

leur gré, et au moyen de l'étroite coalition qu'ils avaient
formée entre eux, déplacer la majorité, imposaient de
la manière la plus absolue leur volonté au ministère,
en le menaçant, s'il faisait passer, à l'aide du reste de
la chambre, quelque loi qui leur déplût, de s'unir à
leur tour avec l'opposition contre lui, dans la première
question de cabinet qui viendrait à s'élever. De tels
exemples doivent à la vérité être considérés comme exceptionnels, puisqu'ils supposent un ministre qui aime
mieux conserver humblement son portefeuille, en se
soumettant à des prétentions qu'il juge mal fondées et
antinationales, que de se retirer la tête haute, devant
une cabale et après avoir fait triompher l'intérêt de son
pays. Mais, à tout prendre, ces exemples ne sont pas
tellement rares dans le passé ni impossibles dans l'avenir, que nous croyions devoir nous abstenir de les
noter.

Il serait facile de citer une foule de faits, comme
éclaircissements et preuves de l'état de choses que nous
venons de signaler. Mais, pour ne pas soulever un trop
grand nombre de questions, nous nous bornerons à
exposer ceux de ces faits qui se rattachent aux questions déjà touchées dans ce travail.

Ainsi, nous avons dit que depuis trente années nos
gouvernements absorbés par des intérêts souvent
moins importants, mais plus voisins, n'avaient jamais
accordé une attention sérieuse aux grands intérêts commerciaux nés de l'émancipation de l'Amérique. Il
semble en effet qu'il y ait eu une sorte de fatalité à cet
égard. La restauration, par une délicatesse de procé-

dés excessive, s'était crue dans l'impossibilité morale
de reconnaître l'indépendance des anciennes colonies
espagnoles (et la question était surtout là) tant que la
présence de ses troupes dans la péninsule, lui impose-
rait envers la Cour de Madrid des ménagements et des
égards qu'elle s'exagérait et auxquels elle ne voulait
pas manquer. Elle n'a entretenu avec les nouveaux
Etats de l'Amérique que des relations provisoires, et
elle s'occupait seulement d'en établir de définitives
avec Bolivar, dont le pouvoir lui semblait offrir plus
d'apparences de stabilité qu'aucun autre, lorsqu'elle-
même a disparu de la scène politique. Quant au gouvernement de 1830 et sauf pendant quelques ministères trop éphémères, il ne s'est guère occupé
des affaires d'Amérique qu'à la suite ou en prévi-
sion de discussions parlementaires. C'est ainsi qu'il
s'est cru obligé de conclure un certain nombre de
traités et même de diriger quelques guerres dans
cette partie du monde. Mais, il ne mettait pas plus de
suite dans ses résolutions qu'il n'y en avait dans les
discussions parlementaires elles-mêmes. Il n'agissait que comme contraint et forcé, par soubresauts,
sans système arrêté, sans plan général, en un mot,
pour se débarrasser le plus vite possible de difficultés
qu'il voulait absolument considérer comme accidentelles, ou imputables à tel ou tel individu, tandis qu'elles
étaient les conséquences nécessaires et sans cesse
renaissantes d'intérêts nationaux, importants, nombreux et vivaces, dont il ne voulait malheureusement pas étudier avec attention la nature et les be-

soins. Aussi, toutes ses conventions par leur rédaction, et toutes ses guerres par leur conduite, bien qu'elles eussent pour motif de favoriser et de défendre notre commerce, n'ont eu pour celui-ci, soit directement, soit indirectement, que des résultats désastreux, depuis l'acte primitif de reconnaissance des nouvelles républiques espagnoles en 1831, jusqu'à la dernière guerre encore subsistante dans la Plata. La reconnaissance de l'indépendance des nouvelles républiques était la seule chose qu'elles pussent désirer de nous; et dès lors nous n'aurions dû la leur donner qu'en échange des articles de traités que nous avions à souhaiter nous-mêmes dans l'intérêt essentiel de notre commerce et de notre navigation. Mais il se trouvait alors dans le parlement de grands amis des Américains, fort influents, dont le gouvernement croyait avoir besoin et qui soutenaient que les principes ne permettaient pas de différer cette reconnaissance ni même d'y attacher aucune condition. On leur céda. On reconnut les Hispano-Américains tout aussitôt et gratuitement. En conséquence, et comme l'avait prédit le ministère des affaires étrangères, nous ne pûmes obtenir aucune des stipulations diplomatiques que nous demandions. Quant à la guerre dans la Plata, elle devait avoir pour but, non seulement de maintenir, conformément à des traités signés par nous, l'indépendance de la république orientale, dont Montévidéo est la capitale, mais aussi de sauver la florissante et profitable colonie européenne, qui s'était formée sur le territoire de cette république. Or, nous ne nous sommes décidés à cette guerre qu'après que l'armée d'invasion envoyée par Buenos-Ayres dans la République orientale, avait déjà ruiné et détruit en grande partie la colonie européenne; puis nous l'avons ensuite dirigée avec des moyens tellement insuffisants, que, loin de porter remède au mal, nous n'avons fait que l'entretenir et l'aggraver (1). A côté de cela d'ailleurs et comme pour achever de démontrer l'inconsistance des idées du gouvernement

(1) La République orientale offrait et déjà sur une assez vaste échelle, un exemple frappant de ce que nous avons dit dans le chapitre précédent au sujet des avantages considérables que l'émancipation des anciennes colonies espagnoles pouvait offrir à l'Europe pour l'écoulement de sa population et de ses produits. Plus de 30,000 Européens s'y étaient établis et les trois quarts de ces Européens étaient Français. Ceux-ci se composaient de quelques négociants en gros, d'un grand nombre de marchands en détail (genre de commerce très lucratif et pour lequel nous ne connaissons pas de rivaux en Amérique) enfin d'une masse d'ouvriers travaillant dans la capitale, et d'agriculteurs ou éleveurs de bestiaux exploitant la campagne. Tous prospéraient. La plupart étaient devenus propriétaires, et cependant nos agriculteurs, presque tous Basques, n'en faisaient pas moins passer à leurs familles en France, par les mains d'un négociant français, jusqu'à *deux millions* de francs par an sur leurs économies. La population de Montévidéo, qui, sous la domination espagnole, n'était que de 7,000 âmes, avait monté à *cinquante mille.* Une ville nouvelle, mais plus vaste, plus belle (dont certaines rues seraient admirées dans les capitales d'Europe) s'était bâtie à la suite de l'ancienne. En 1842, on y a vu en rade jusqu'à *cent seize* bâtiments français réunis, dont *vingt-et-un* partaient chargés le même jour. Entre autres produits de notre pays, il s'y consommait jusqu'à *mille* barriques de vin de Bordeaux en un mois. Sans l'invasion de la République orientale, dans l'année 1843, par l'armée de Buenos-Ayres, au mépris de nos protestations et de nos droits, Montévidéo serait certainement aujourd'hui une ville de 100,000 âmes, la plus commerçante et la plus riche de toute l'Amérique du sud, et habitée aux quatre cinquièmes par des Européens, consommant largement des produits d'Europe. Quel beau résultat en lui-même et combien il eût été encore plus beau par l'exemple et l'impulsion qu'il eût donnés ! (Voir à l'appendice sous le n° 2, l'extrait d'un mémoire sur Montévidéo.)

de 1830 dans toutes les affaires transatlantiques, ou a vu ces expéditions des Marquises, de Taïti et de Madagascar (celle-ci seulement en projet par bonheur) qui eussent été mauvaises, même à l'époque de notre vieux système colonial, puisque, pour quiconque avait la moindre connaissance de la matière, elles devaient nous coûter beaucoup d'hommes et beaucoup d'argent, sans aucune compensation possible, sans que nous eussions d'autres résultats à en attendre que de nous créer des embarras diplomatiques en temps de paix et des points vulnérables en temps de guerre. Le gouvernement avait été averti de tout cela et peut-être ne se faisait-il pas grande illusion sur l'utilité de ces expéditions. Mais il n'en voulait pas voir les inconvénients; il les regardait tout au plus comme insignifiantes; et il les croyait, ce qui lui semblait décisif, propres à jeter de la poudre aux yeux du parlement. Telle est aussi l'explication de l'ambassade en Chine et de l'envoi d'ingénieurs à l'isthme de Panama pour étudier l'ouverture d'une communication entre les deux mers; on n'y attachait assurément aucun intérêt sérieux. Mais au moins ces deux dernières opérations, si elles ne pouvaient pas avoir de résultats importants pour nous, ne devaient entraîner aucun inconvénient et donnaient ainsi une innocente satisfaction à la vanité nationale.

Quant à nos relations spéciales avec les États-Unis, dont on devait avoir quelque expérience et qui n'offraient pas comme d'autres l'excuse de la nouveauté et de l'imprévu, elles n'ont pas été conduites avec plus de bonheur. Dès 1820, les Américains du Nord, après nous avoir donné l'exemple de l'établissement chez eux de droits différentiels sur la navigation étrangère pour protéger la leur, et s'être ainsi attribué tous les bénéfices des transports entre leur pays et le nôtre, s'étaient irrités de ce que nous les eussions imités en établissant des droits semblables, et de ce que nous fussions ainsi parvenus à recouvrer environ *un tiers* des profits de l'intercourse. Ils avaient exigé de nous l'abolition réciproque et à peu près absolue des droits respectifs et l'adoption d'une concurrence, pour ainsi dire, libre et à des conditions égales, pour les deux navigations. La restauration avait d'abord résisté à cette exigence capricieuse et présentée en outre avec violence. Mais un assez grand nombre de nos fabricants avaient jeté les hauts cris, dans la crainte que la querelle, en s'envenimant, ne vînt à troubler leurs opérations de commerce. L'opposition de la chambre des députés, dans des calculs aussi peu éclairés que peu patriotiques, avait pris parti pour les États-Unis. Enfin la restauration, attaquée de toutes parts, avait cédé et signé une convention qui sacrifiait pleinement les intérêts de notre navigation. Bientôt celle-ci n'avait plus figuré que pour *un seizième* ou *un dix-septième* dans les transports entre les deux pays. La restauration avait bien stipulé que sa convention serait résiliable. Mais en présence de la double opposition du parlement et de nos industriels, elle n'a jamais osé la dénoncer, même sans le projet de la détruire et seulement dans le dessein de la renouveler sur des bases

plus équitables, ce qui certainement eût réussi (1).
Le gouvernement de 1830 a persisté dans le même
système de timidité, bien que de son temps notre
commerce qu'on avait prétendu favoriser dans l'origine, se soit trouvé fortement surtaxé, dans plusieurs tarifs successivement adoptés par le congrès
américain. D'un autre côté, et par le plus singulier
contraste, ce dernier gouvernement, pendant qu'il re-
nonçait ainsi à défendre contre les États-Unis, un intérêt national de la plus haute importance, s'opposait
à eux, de concert avec l'Angleterre, dans l'affaire de
la réunion du Texas ; comme si la conséquence naturelle de cette réunion, c'est-à-dire, la substitution du
travail, de la richesse et de la civilisation, à l'inertie,
à la misère et à la barbarie dans une grande province
d'Amérique, n'était pas toute au profit de notre commerce, et comme si l'accroissement de la puissance des
États-Unis pouvait porter ombrage à une autre politique
que celle de l'Angleterre !

Nous avons indiqué aussi que dans diverses occasions nous avions trop négligé nos intérêts commerciaux en Espagne. Nous en citerons brièvement deux
exemples principaux. Nous avons joui d'un assez
grand crédit dans ce pays à deux époques : à la suite
de la guerre de 1823, lorsque notre armée victorieuse

(1) Dans les négociations de 1820, les Américains qui prétendaient
à la plus grosse part dans les bénéfices de l'intercourse, à cause de
la nature encombrante de leurs produits, qu'ils disaient avoir le
droit de transporter, avaient cependant accordé que nous pouvions
aspirer au *quart* de ces bénéfices, et, comme on vient de le voir,
nous n'en conservions qu'un *seizième* ou un *dix-septième*.

était le principal appui du roi Ferdinand, et une dixaine d'années plus tard, à l'avénement de la reine Christine, lorsqu'elle avait si grand besoin de notre protection contre don Carlos. Or, nous avons surtout profité de notre crédit la première fois, pour imposer à Ferdinand une ordonnance d'amnistie, dite *d'Andujar*, en faveur des révolutionnaires espagnols, qu'on n'en a pas moins pendus, quand on a pu les prendre; et la seconde fois, pour disposer le gouvernement de Christine à l'adoption de la constitution connue sous le nom d'*Estatuto real*, laquelle n'a guère duré, s'il nous en souvient bien, plus d'un ministère. Nous sommes assurément loin de blâmer ces deux emplois de notre influence du moment, surtout le premier. Mais il semble que nous ne devions pas la considérer comme épuisée par eux. Si en même temps nous avions fait en sorte de conclure quelque arrangement favorable aux intérêts commerciaux que nous avons en Espagne et dont l'importance a été indiquée plus haut, il serait resté quelque chose, et quelque chose d'utile, des travaux de notre diplomatie. Il existe depuis longtemps dans les cartons des affaires étrangères des projets pour la négociation d'une convention de commerce nouvelle et appropriée au temps présent ainsi qu'aux intérêts réciproques, en remplacement des vieux traités subsistants, dont la forme et le fond également surannés, rendent, chaque jour et à notre grand détriment, l'exécution plus difficile. Dans la forme, ces traités semblent contraires au principe de la réciprocité et attribuer à la France une supériorité et des exigences, qu'explique l'époque où ils ont été rédigés, mais qui n'en sont pas moins blessantes pour la fierté castillane. Au fond, ils contiennent un assez grand nombre d'articles tombés, par la force des choses et la marche du temps, en désuétude et dont le voisinage tend naturellement à infirmer la validité des autres. Dans des circonstances ordinaires, les Espagnols sont disposés à conclure, sinon en principe, du moins en fait, de cette double considération, que les vieux traités ne sont plus du tout obligatoires pour eux. Dans des circonstances exceptionnelles, comme celles que nous avons rappelées et où notre influence près d'eux était considérable, ils eussent été disposés sans doute à faire une convention nouvelle. Mais les propositions que les bureaux des affaires étrangères ont hasardées dans ce sens ont été prises en pitié par les grands politiques du temps. Nous avions pourtant sous les yeux l'exemple constant des Anglais, qui, à la moindre faveur dont ils jouissaient en Espagne, recommençaient, avec une persévérance admirable, leurs négociations dans l'intérêt de leur commerce. Mais, au lieu de les imiter et même d'unir nos efforts aux leurs dans le but d'utilité commune, de faire brèche au système prohibitif de l'Espagne, pour profiter ensuite de cette brèche, chacun de son côté et selon ses intérêts propres, nous nous bornions à contrarier leurs démarches. Ne voulant pas ou ne sachant pas agir dans notre avantage, nous ne voulions pas que d'autres pussent agir dans le leur. Nous nous croyions de fins politiques et de grands patriotes; nous n'étions que déraisonnables et injustes (1).

(1) Dans une conversation qui eut lieu à Paris sur ce sujet entre l'ambassadeur d'Angleterre et un de nos ministres des affaires étrangères, le premier finit par s'écrier : *Mais, c'est donc à dire que partout où la Grande-Bretagne sollicitera quelque chose en faveur de son commerce, elle devra s'attendre à rencontrer la France pour adversaire ? — Oui, certainement*, répondit fièrement notre ministre. — Or, il serait impossible de dire ce qui a dû révolter le plus le cabinet britannique, ou du mauvais vouloir ou du profond aveuglement que témoignait cette réponse. Malheureusement elle eût été faite, en pareil cas, par beaucoup de gens. Il existe sur la question un préjugé trop général, que nous combattrons, par occasion, en peu de mots.

Lorsque jadis les Anglais profitaient de leur influence dans un pays pour y obtenir au profit de leur commerce des droits de faveur, des privilèges exclusifs, alors assurément nous devions nous opposer à leurs entreprises et nous placer devant eux en adversaires déclarés et opiniâtres. Mais depuis que cédant à l'esprit libéral et éclairé du temps, ils n'ont plus sollicité nulle part que des avantages qui fussent ou pussent devenir communs à tous les autres peuples, nous n'aurions dû songer raisonnablement qu'à les imiter et même quelquefois à les seconder. La disparition des prohibitions et l'abaissement des droits dans les tarifs, aussi bien que l'adoucissement des dispositions fiscales et pénales dans toutes les lois relatives au commerce et à la navigation, sont en principe général et par tout pays, dans notre intérêt comme dans celui de l'Angleterre. Unissons-nous à elle pour cela. Il y a d'ailleurs tels changements particuliers dans ces tarifs et ces lois, qui sont plus spécialement profitables, soit aux Anglais, soit à nous. Ceci est une autre affaire, et chacun pour soi. Un abaissement des droits sur les *tissus de coton blancs*, par exemple, profite plus aux Anglais qu'à nous, de même qu'un abaissement semblable sur les *tissus de soie* nous profite plus qu'à eux; mais ici encore, si les intérêts ne sont pas communs, ils ne sont pas contraires. Que les Anglais sollicitent et obtiennent quelque chose en faveur des cotonnades, cela ne nous fait aucun tort; nous y trouvons même quelque avantage. Tâchons d'en obtenir autant pour les soieries. Les Anglais, plus éclairés que nous, ne s'y opposeront pas, si nous n'avons pas commencé des hostilités insensées en pareille matière. Notre industrie, comme l'industrie anglaise, a ses spécialités triomphantes, et les deux industries peuvent très bien vivre à côté l'une de l'autre. Voir pour preuves les tableaux de commerce du monde entier. L'industrie anglaise a, sur la nôtre, à la vérité, l'avantage d'être supérieure dans la fabrication des objets de consommation générale, tandis que la nôtre ne l'est que dans celle

D'un autre côté et à propos de l'opposition faite par la France à l'établissement de l'association des douanes allemandes, sous le patronage de la Prusse, nous avons exprimé l'opinion que notre gouvernement aurait pu se montrer plus habile; et dans cette affaire très curieuse et très extraordinaire, le défaut d'habileté (pour continuer à nous servir de mots polis) a consisté à accorder la préférence à un intérêt commercial qui n'existait pas, sur un intérêt politique réel et considérable. On sait que l'Union douanière allemande ne s'est pas formée immédiatement telle qu'elle existe aujourd'hui; que même la plupart des états de la Confédération qui la composent, tout en reconnaissant combien étaient nuisibles au développement de leur commerce les barrières de douane si multipliées qui couvraient la patrie commune, se sont montrés fortement éloignés dans le principe de se réunir en une association générale; que les uns (le plus grand nombre) ont seulement formé d'abord quelques réunions particulières, la Bavière avec le Wurtemberg en 1827, la Prusse avec le grand duché de Hesse en 1828, puis, dans la même an-

des objets de luxe. Mais qu'y pouvons-nous faire?... Travailler à réduire le prix de nos produits communs, et en attendant ne pas maigrir de l'embonpoint d'autrui : c'est un sot rôle. Notre industrie d'un autre côté trouve dans sa supériorité spéciale pour la fabrication des objets de luxe, l'avantage d'inspirer sur les marchés étrangers moins de craintes que celle des Anglais aux industries indigènes, qui, en général peu avancées, ne s'exercent guère que sur les produits grossiers de consommation populaire. Il nous est sous ce rapport plus facile qu'à l'Angleterre d'obtenir ce que nous désirons en adoucissements de tarifs. C'est une consolation et une raison de plus pour ne pas donner l'exemple d'une rivalité tracassière et sans motifs.

née, la Saxe avec le Hanovre; l'Electorat de Hesse, etc.; que d'autres, au contraire, dont le plus important était le grand-duché de Bade, ont persisté encore assez long-temps à rester isolés et indépendants; qu'enfin, ce n'est que de 1833 à 1835 et même 1836, que la fusion entre les deux associations Bavaro-Wurtembergeoise et Prusso-Hessoise, a fini par amener, à travers beaucoup d'incidents, l'établissement de la grande Union actuelle. Toutefois, pendant le temps que ce travail d'organisation a mis à se compléter, il avait été facile d'en prévoir le résultat. Les états d'Allemagne qui s'y trouvaient soumis, se divisaient alors et d'une manière très nette, en pays du Nord surtout manufacturiers, et en pays du Midi principalement agricoles. Dès lors, leur séparation commerciale ne pouvait être que temporaire. La différence si favorablement tranchée de leurs produits leur offrait des moyens trop avantageux d'échanges, pour qu'ils ne fussent pas plus ou moins vite amenés à confondre entièrement leurs intérêts. Ceci reconnu d'ailleurs, il était également facile de prévoir que les efforts que nous avions faits jusque-là, concurremment avec l'Autriche, pour empêcher cette fusion, en réveillant entre les parties leur ancien esprit de rivalité et de jalousie politiques, allaient devenir tout à fait inefficaces, et que pour réussir désormais, il nous fallait combattre la Prusse avec les armes toutes nouvelles qu'elle employait, c'est-à-dire, offrir le même appât qu'elle aux intérêts économiques, qui devaient évidemment finir par dominer la question. Or, à ce point de vue, l'Autriche était impuissante; elle n'aurait eu d'autre ressource que d'entrer à son tour en association douanière, et son système d'administration intérieure ne le lui permettait pas. Au contraire, notre position était des plus favorables. Les états du midi de l'Allemagne étaient disposés à conclure avec nous des traités basés sur le principe de la réciprocité et stipulant des tarifs de faveur, d'une part pour l'introduction chez eux des produits de nos fabriques, d'autre part pour l'importation chez nous des produits de leur agriculture. Sous le rapport politique, c'était une chance inespérée de fortune pour nous que cette combinaison. Car il ne s'agissait de rien moins que de renouer des relations intimes et durables, comme toutes celles qui reposent sur des intérêts positifs, avec d'anciens amis, que jadis la proximité de nos frontières, la promptitude de nos secours, la générosité de nos vues et l'ambition ou les procédés dominateurs de leurs autres puissants voisins avaient souvent jetés dans nos bras, et qui, les mêmes causes aidant, pouvaient s'y jeter encore, une fois la confiance rétablie entre eux et nous. Provisoirement et en temps ordinaire, nous rentrions tout doucement et sans qu'aucun reproche d'ambition ni d'intrigue pût nous être adressé, dans ces affaires du centre de l'Europe, dont les traités de 1815 avaient tout fait pour nous exclure, et nous achevions (ce qu'avait commencé l'émancipation de la Belgique) de rompre cette espèce de blocus, au moyen duquel la coalition avait voulu nous tenir en quelque sorte prisonniers dans nos frontières et étouffer notre influence. Certes, et sans que nous ayons besoin d'entrer dans

de plus grands développements, il y avait là un haut
intérêt politique. Sous le rapport commercial, d'un
autre côté, aucune considération sérieuse ne pouvait
nous arrêter ni même nous faire balancer un instant;
car les réductions de droits sur certains produits agricoles que les états allemands du midi nous deman-
daient ainsi en 1831 et pour lesquelles ils nous auraient accordé des réductions équivalentes sur certains
produits de nos fabriques, nous les avons données à
toutes les nations gratuitement et sans aucune réciprocité pour notre industrie, deux années plus tard, par
nos tarifs de douane de 1833 et 1834. Cependant
notre gouvernement a repoussé la proposition qui lui
était faite !... Les motifs qui ont déterminé sa conduite
en cette occasion, motifs soutenus par la haute administration commerciale, sont tellement étranges, que
nous ne pourrions pas y croire, si nous ne les avions
pas vus écrits et signés. Les voici fidèlement ana-
lysés : « 1° qu'il ne pouvait jamais nous convenir
« d'altérer spécialement au profit de qui que ce fût,
« le système général de notre tarif, consistant à traiter
« sur un pied d'égalité parfaite toutes les puissances
« étrangères. » (Quelques années plus tard et avec
raison, nous abandonnions ce principe prétendu per-
pétuel, qui rendait toute négociation commerciale impossible) ; « 2° qu'on ne devait jamais songer à *éviter*
« *des inconvénients politiques par des concessions com-*
« *merciales.* » (Principe absurde comme le serait le
principe contraire : il faut peser et choisir) ; « 3° enfin
« que, commercialement parlant, nous aurions beau-

« coup plus d'avantages à traiter avec une association
« unique qu'avec des associations séparées. » (Dès
que l'association a été unique, elle nous a fait une
guerre de tarifs.) Pour que les affaires étrangères aient
admis de tels motifs en 1831 et n'aient pas devancé la
dure réfutation qu'ils devaient recevoir de tous les faits
postérieurs, il a évidemment fallu que ce ministère
n'eût pas encore complètement démêlé toute l'importance des intérêts politiques, cachés sous les intérêts
commerciaux qu'on semblait particulièrement débattre,
et qu'il n'apportât dès lors qu'une attention très superficielle à la question. C'est au surplus ce que nous
avons déjà indiqué. Tous les yeux ne se sont bien ou-
verts au sujet de la grande association des douanes allemandes, que lorsque le succès de la Prusse a été
complet, après 1836.

Il n'en a pas été de même, lorsque nous avons re-
noncé au projet d'union douanière avec la Belgique,
sacrifiant encore en cela l'intérêt politique à l'intérêt
commercial. Le gouvernement s'était parfaitement pé-
nétré de l'importance de ce projet. Outre le prix tout
particulier que les liens de famille existant entre les
deux souverains, lui faisaient mettre à préserver la
Belgique des embarras intérieurs dont pouvait la me-
nacer la prolongation des souffrances de son industrie,
notre gouvernement n'envisageait pas sans inquiétude
les chances de complications européennes qui devraient
résulter de ces embarras, s'ils venaient à porter une
atteinte plus ou moins grave à la stabilité du nouvel
État. Il était évident d'ailleurs que notre union doua-

nière avec la Belgique, en l'attachant à nous par son intérêt vital, équivaudrait à une union politique aussi étroite qu'indissoluble, et il serait superflu d'insister sur la valeur considérable que nous devions attribuer à un tel résultat. La fusion des intérêts politiques des deux pays, amenée par celle des intérêts commerciaux, pouvait même sembler préférable à une réunion territoriale (en supposant que les circonstances d'alors nous eussent permis de songer à cette dernière combinaison), et de nombreuses considérations politiques, fondées sur le témoignage de l'histoire, n'auraient pas manqué, au besoin, pour expliquer cette préférence. Quant à ceux de nos intérêts commerciaux qui se seraient trouvés lésés par cette union, par l'entrée en franchise des produits belges et leur redoutable concurrence sur notre territoire, ils étaient, on doit le reconnaître, assez notables. Mais, après tout, ce n'étaient guère que des intérêts particuliers, soit de certaines fabriques, soit de certaines localités, et l'on pouvait espérer que, dans son ensemble, notre industrie trouverait des compensations plus ou moins équivalentes aux sacrifices qui lui eussent été imposés. Telle était l'opinion qui, après plusieurs examens approfondis, avait prévalu dans les conseils du gouvernement, et le ministère des affaires étrangères insistait particulièrement pour qu'on passât à l'exécution. La mauvaise humeur de l'Europe, nous l'avons déjà dit, ne nous aurait sans doute pas arrêtés. Si celle-ci a cru nous avoir fait reculer dans cette occasion, comme dans quelques autres, elle s'est flattée une fois de trop. Le ministère a reculé devant la coalition des députés industriels et la menace qu'ils ont faite de se venger.

Quant aux sacrifices que nous avons pu faire en matière *contentieuse*, on devine aisément qu'ils ont dû être nombreux, lorsqu'il s'agissait de réclamations privées, dont on supposait, avec plus ou moins de vérité, que la poursuite deviendrait nuisible à nos intérêts généraux de politique ou de commerce. Mais les exemples trop ignorés que nous aurions à citer sur ce sujet n'offriraient peut-être pas l'intérêt qu'inspirent naturellement des questions comme celles dont nous venons de parler, et qui ont eu l'avantage d'occuper l'attention publique. Nous nous bornerons donc à rappeler en peu de mots cette grande affaire *contentieuse*, qui a fait tant de bruit dans les premières années de la monarchie de 1830, et s'est alors réglée entre nous et les États-Unis, moyennant le paiement d'une indemnité de 25 millions de francs aux armateurs des navires américains, capturés par nos corsaires du temps de l'Empire. Il était réellement dû aux États-Unis, pour cette affaire, de 12 à 15 millions de francs, selon qu'on voudrait leur accorder une réparation plus ou moins généreuse et amicale. Depuis vingt années, les bureaux des affaires étrangères n'avaient jamais varié à cet égard, non plus qu'un assez grand nombre de commissions successivement formées pour discuter la question, sous l'Empire, la Restauration et le gouvernement de 1830 lui-même. Cependant ce dernier gouvernement s'est laissé aller à payer 25 millions. Les arguments de fait et de droit qu'il a allégués pour expliquer sa détermination, n'étaient rien moins que décisifs, principalement celui qu'il a voulu tirer de l'exemple de la Restauration. Celle-ci, qui n'était nullement disposée à faire des sacrifices en faveur de la République des États-Unis, avait au contraire conduit la négociation avec beaucoup de fermeté. Les véritables motifs qui ont déterminé le gouvernement de 1830, sont : d'une part (et comme cela se retrouve dans la plupart des affaires traitées par lui), des calculs parlementaires, l'intention d'agir, directement ou indirectement, sur certains personnages influents et fort amis des Américains, les mêmes qu'on avait déjà voulu capter par la reconnaissance sans conditions des nouvelles Républiques espagnoles; d'une autre part, l'espoir vague et très peu réfléchi que l'énorme concession faite aux États-Unis exercerait une heureuse influence sur nos relations politiques avec ce pays, et tournerait ainsi au profit du commerce de la France. Nous ne voulons discuter que ce dernier motif, et nous le ferons uniquement en citant des faits. Le peuple des États-Unis est essentiellement logique et calculateur, ne transigeant jamais sur ses droits réels, et inclinant beaucoup plutôt à empiéter sur ceux d'autrui. Il n'estime nullement ceux qui font autrement que lui et ne leur en a aucune obligation, attendu que (pour parler le langage démocratique de l'Union) il les regarde comme des *niais* ou des *poltrons*. Les États-Unis ne pouvaient pas voir dans la concession du gouvernement de 1830 un acte d'ignorance : l'affaire était éclaircie depuis trop longtemps.

Ils ont considéré cette concession comme un acte de
faiblesse. C'est ce qui explique la superbe insolence
du président Jackson, lors des difficultés qui se sont
élevées pour l'exécution immédiate du traité. C'est ce
qui explique aussi (tout au rebours des espérances de
notre gouvernement) la légèreté dédaigneuse avec laquelle les États-Unis n'ont, pour ainsi dire, pas cessé
de surtaxer notre commerce dans les tarifs de douane
qu'ils ont successivement décrétés depuis. Il ne leur
est même pas venu l'idée, on peut en être convaincu,
qu'en traitant notre commerce avec si peu de bienveil-
lance, ils s'exposassent le moins du monde à nous voir
résilier la convention dont il a été fait mention plus
haut, et par laquelle, depuis 1820, nous avons sacrifié
notre navigation à la leur !... Ce n'est pas tout, au surplus. Ce n'est pas seulement dans nos relations avec les
États-Unis que le traité des 25 millions a eu des résultats funestes; c'est dans toutes nos relations avec le
reste de l'Amérique. Les différents peuples de cette
contrée avaient suivi avec autant d'intérêt que d'anxiété,
toutes les phases de notre démêlé avec les États-Unis,
et ils nous étaient généralement favorables. Les Américains du Nord, grâce à la justice expéditive de leur
gouvernement, sont respectés et craints en Amérique;
mais leur caractère personnel ne les y fait pas aimer
(précisément le contraire de ce qui arrive à nos
Français). On eût été ravi que nous leur donnassions
une leçon. Le Mexique surtout, qui prévoyait déjà un
peu son sort d'aujourd'hui, se montrait notre partisan
enthousiaste. Aussi, le désappointement fut-il univer-

sel, lors de la terminaison de l'affaire. Nous tombâmes d'ailleurs partout, ainsi que cela était naturel chez des peuples neufs, qui admirent avant tout le courage et la force, dans le discrédit le plus profond. On peut regarder avec assurance le traité des 25 millions comme la cause première et principale de toutes les avanies que, depuis, nous avons essuyées dans la plupart des anciennes colonies espagnoles, et par conséquent de toutes les guerres que nous avons été contraints de faire pour obtenir réparation. Jamais sacrifice d'un intérêt à d'autres intérêts (si telle eût été la pensée dominante du gouvernement de 1830 en cette occasion) n'aurait été plus mal calculé et plus désastreux.

Nous espérons qu'après la lecture de ce chapitre et de celui qui précède, on ne se méprendra pas sur le fond de notre pensée. Si nous insistons fortement sur l'importance des affaires commerciales et contentieuses, c'est qu'on est souvent disposé à la méconnaître ou à l'oublier. Si nous ne nous étendons pas autant sur l'importance des affaires politiques, c'est qu'au contraire on n'est que trop enclin, la plupart du temps, à en faire le sujet d'une préoccupation exclusive. Nous aurions craint d'ailleurs, en parlant plus longuement que nous ne l'avons fait des affaires où dominait l'intérêt politique, d'être entraînés à des critiques beaucoup plus graves que celles qu'exigeait notre sujet, et auxquelles nous voulions nous borner. Mais nous n'en sommes pas moins très éloignés de contester la prééminence qui appartient à ces dernières affaires, toutes

les fois qu'elles intéressent sérieusement, selon la définition que nous avons dû essayer d'en donner, *la sûreté et la dignité de l'État.*

CHAPITRE V.

—

Du Ministère des Affaires Étrangères.

Il résulte des chapitres II, III et IV :

Que les trois classes principales d'affaires diplomatiques désignées sous les noms de politiques, commerciales et contentieuses, s'appliquent à des faits d'ordres
différents et forment en quelque sorte trois sciences à
part, exigeant des études spéciales;

Que cependant les divers intérêts auxquels elles se
rapportent tendent sans cesse à se confondre les uns
avec les autres, en sorte qu'il n'existe, pour ainsi dire,
pas de questions diplomatiques absolument simples et
ne touchant qu'à un seul intérêt politique, commercial ou contentieux, mais qu'au contraire la plupart
d'entre elles sont complexes et affectent plusieurs de
ces intérêts à la fois;

7

Qu'enfin ces intérêts de différentes natures, qui compliquent ainsi les questions diplomatiques, loin de se fortifier toujours les uns les autres dans les négociations, tendent assez souvent à se contrarier, à tel point qu'il faille faire un choix entre eux et abandonner plus ou moins complètement les uns pour faire prévaloir les autres.

Il est évident, de plus, qu'à cette complication d'intérêts, que nous avons fait remarquer dans les affaires diplomatiques, considérées sous le point de vue particulier des relations avec tel ou tel état, vient assez ordinairement se joindre une complication analogue dans les mêmes affaires, considérées au point de vue général des relations avec l'ensemble des divers états. C'est ainsi que nous avons reconnu plus haut que notre projet d'union douanière avec la Belgique et notre traité des vingt-cinq millions avec les États-Unis, n'affectaient pas seulement nos rapports avec ces deux pays, mais aussi l'ensemble de nos rapports avec l'Europe et avec l'Amérique. Nous croirions superflu d'entrer à ce sujet dans de nouveaux développements. Il s'agit là d'un fait notoire. Seulement nous devons le rappeler et le signaler à l'attention, parce que, outre qu'il complète les observations que nous avons présentées jusqu'ici, nous allons avoir à en tenir compte dans ce qui nous reste à dire.

Nous nous proposons de rechercher dans ce dernier chapitre la méthode de travail et l'organisation des bureaux, qui sont les plus propres à assurer la bonne expédition des affaires diplomatiques au ministère.

Or, les bases de cette méthode et de cette organisation nous semblent se déduire naturellement et comme il suit, de tout ce qui précède.

1° De la diversité des questions qui se présentent dans les affaires diplomatiques, et des difficultés plus ou moins grandes et toutes particulières qu'offre chacune de ces questions, résulte la convenance de diviser les matières entre des hommes spéciaux, exclusivement occupés, ceux-ci de politique, ceux-là de commerce, les autres de contentieux, et chargés d'examiner sous ses différentes faces l'affaire à traiter : c'est le rôle des employés subordonnés jusqu'au grade de sous-directeur.

2° De la liaison et souvent de la complication qui existent entre les divers intérêts engagés dans une même affaire, résulte la convenance de réunir les matières entre les mains d'hommes à instruction plus générale et chargés de comparer l'un à l'autre ces différents intérêts, d'apprécier leur importance relative et de combiner la défense de tous, ou, au besoin, de choisir entre eux : c'est le rôle des employés supérieurs, des directeurs.

3° Enfin (et selon la remarque faite en dernier lieu) de la liaison et de la complication analogues qui peuvent exister dans les affaires diplomatiques, non plus considérées seulement et comme dans les deux opérations précédentes, sous le point de vue de nos relations particulières avec tel ou tel pays, mais envisagées au point de vue de nos relations générales avec tous les pays, résulte la convenance de faire aboutir la totalité des travaux du ministère à un seul homme, chargé, sous les ordres immédiats du ministre, de faire concorder ces travaux entre eux et de leur imprimer une marche conforme au système général de politique du cabinet : c'est le rôle d'un sous-secrétaire d'état.

Ici, et avant d'aller plus loin, nous croyons devoir répondre à une objection qui se produira sans doute. Quelques personnes pourront croire que ce sous-secrétaire d'état est superflu, et que les attributions que nous lui assignons, doivent appartenir au ministre lui-même. Ce serait une erreur. Le ministre n'est presque jamais assez homme du métier pour savoir bien faire un tel travail, et lorsqu'il le sait, ses occupations au Conseil et au Parlement ne lui en laissent pas le temps. A peine, dans l'hypothèse la plus favorable, sait-il et peut-il imprimer l'unité de direction à un très petit nombre d'affaires capitales, et il néglige forcément toutes les autres. Le ministre, membre du gouvernement, doit se contenter de donner une impulsion et d'exercer une surveillance suprême. Il a presque toujours existé d'ailleurs aux affaires étrangères un homme jouissant d'une influence plus ou moins étendue sur la marche générale des affaires, soit de droit et avec un titre supérieur, soit de fait, sans autre titre que celui des autres chefs et seulement par la confiance plus grande que lui accordait le ministre. Cette dernière manière ne vaut rien. Par cela seul qu'elle n'est pas justifiée par la règle hiérarchique, elle doit amener des jalousies, des tiraillements

et rendre ainsi l'unité de direction moins complète et
moins efficace qu'elle ne doit l'être (1).

Pour achever au surplus d'éclaircir toutes ces questions, nous allons faire l'application de nos idées aux
diverses organisations du ministère qui ont été successivement adoptées depuis quarante à cinquante ans.
Nous croirions inutile de remonter au-delà. Les considérations qui avaient présidé aux organisations an-
térieures à la révolution de 1792, ne seraient plus
aucunement en rapport avec l'époque actuelle. Ce
n'est en outre que sous la première République que
les consulats, qui avaient jusqu'alors appartenu à la
marine, ont été transférés aux affaires étrangères, et
que les attributions naturelles de ce dernier ministère
ont ainsi été complétées. Enfin, les différents essais
d'organisation qui ont eu lieu dans les premières années de la République elle-même étaient trop informes
et ont été trop éphémères pour qu'il y eût avantage à les rappeler (2).

(1) D'après les idées que nous avons exprimées dans cet écrit, on
comprendra aisément que nous nous soyons réjouis de la disposition
de la nouvelle loi électorale, qui exclut les sous-secrétaires d'état
de l'Assemblée législative; car ils ne partageront pas l'instabilité
des orateurs-ministres qu'on leur donnera pour chefs, et ils conser-
veront les traditions au grand profit de ceux-ci et du pays. Quelques
personnes ont paru craindre qu'il ne se formât point ainsi un nombre suffisant d'*hommes politiques*. Ce n'est pourtant pas ce qui nous
manque. Il semble, au contraire, que nous n'avons déjà que trop
d'*hommes politiques*, qui aspirent à devenir *hommes d'État*. Ce qui
nous fait défaut, ce sont les *hommes d'affaires* instruits, expérimentés, consciencieux et modérés dans leur ambition. Leurs rangs s'é-
claircissent tous les jours, et on ne parviendra à en former de nouveaux qu'en donnant de la fixité et de la sécurité, par conséquent
de la considération, aux emplois secondaires. (*Note de juillet* 1849.)

(2) A plusieurs époques, l'adjonction des consulats aux affaires

Sous le Consulat et sous l'Empire, le ministère des affaires étrangères se trouvait partagé en deux grandes divisions de correspondance, entre lesquelles on avait réparti les différents pays du monde : celle du *Nord*, qui comprenait l'Angleterre, la Russie, l'Autriche, la Prusse, les états d'Allemagne, les Pays-Bas, la Suède et le Danemarck ; celle du *Midi*, qui se composait de la Suisse, des états d'Italie, de la Turquie, de la Perse, des Régences barbaresques, du Maroc, de l'Espagne, du Portugal et de l'Amérique. Bien que ces divisions eussent le titre spécial de *politiques*, chacune d'elles traitait, en même temps que les affaires politiques, les affaires commerciales et contentieuses des États qui faisaient partie de son lot ; et cette disposition était tout à fait conforme à nos principes. D'un autre côté, les dénominations du *Nord* et du *Midi* semblaient placer les deux divisions absolument sur la même ligne et interdire par là l'unité de direction.

étrangères a donné lieu à des réclamations dans l'intérêt de quelques autres ministères. Mais ces réclamations, qui ne pouvaient se fonder sur aucune considération réelle d'utilité publique, n'ont jamais été soutenues directement par les ministères intéressés. Quel que pût être le désir de ceux-ci d'acquérir avec les consulats, la disposition d'un assez grand nombre de places aussi honorables que recherchées, ils se sont remis du soin de faire prévaloir ce désir à leurs amis de la presse et du parlement, et n'ont tout au plus procédé eux-mêmes que par voie d'insinuations. C'est du reste au profit du ministère du commerce, qui n'a, pour ainsi dire, pas d'emplois à sa nomination, que les réclamations ont été les plus vives et les plus persévérantes, et naguère, dit-on, elles se sont poursuivies avec une nouvelle ardeur. Cela nous engage à reproduire (appendice n° 3) un article de journal rédigé il y a vingt ans par les bureaux des affaires étrangères, où la question est traitée avec quelques développements et avait même, jusqu'à ces derniers temps, paru définitivement tranchée.

Mais cela n'était ainsi qu'en apparence et pour pré-
venir, autant que possible, entre les chefs des suscep-
tibilités d'amour-propre nuisibles au service. Par le
fait, l'un de ces chefs était dominant, du moins dans
toutes les questions qui touchaient à l'ensemble de nos
relations diplomatiques. En effet, la division du Nord
correspondait, comme on l'a vu, avec toutes les puissances ayant entre elles des rapports continuels et nécessaires, et qui sont appelées, du moins les principales, à examiner et à décider toutes les grandes
questions d'intérêt européen. La division du Midi n'a-
vait, au contraire, dans ses attributions, que les puissances vivant les unes à l'égard des autres pour la
plupart dans une sorte d'isolement, et qui demeurent
naturellement étrangères à la discussion et surtout à
la décision de questions pareilles. Cette dernière
division (pour le dire en passant) rendait d'ailleurs au
ministère des services, sinon aussi brillants, du moins
aussi précieux que la division du Nord. Car, outre les
avis très utiles qu'elle pouvait donner dans toutes les
questions générales où se trouvaient mêlés les états
avec lesquels elle correspondait habituellement, elle
était exclusivement chargée à Rome, en Orient, en
Espagne et en Amérique, d'affaires d'un intérêt considérable, quoique local; et dans ces affaires toutes
spéciales et peu connues, elle avait beaucoup plus
souvent occasion d'éclairer le gouvernement que de
recevoir de lui des directions spontanées, comme celles
qu'il donnait presque toujours à la division du Nord.
Mais cela n'empêchait pas que celle-ci, par le choix

de ses correspondances, ne se trouvât nécessairement
chargée de suivre toutes les grandes affaires d'intérêt
européen, soit qu'elles prissent naissance dans les
états de sa circonscription et qu'elles lui appartinssent
naturellement, soit même qu'elles vinssent à surgir
dans les limites de la division du Midi et qu'elles dussent lui être renvoyées. L'unité de direction existait
donc dans ce qu'elle a de plus indispensable. Toutefois, elle n'était pas assez générale et laissait beaucoup
trop d'affaires livrées à des impulsions souvent diver-
gentes, et elle ne s'exerçait en outre que d'une manière déguisée, en quelque sorte subreptice, par conséquent assez molle. Si, telle qu'elle était, elle a eu
des effets suffisamment bons sous le Consulat et sous
l'Empire, cela a tenu aux circonstances de l'époque,
d'abord à l'impulsion aussi habile qu'infatigable et
irrésistible qu'imprimait alors à toutes les branches
de l'administration, l'homme prodigieux qui présidait
aux destinées de l'Etat, ensuite à la simplification
qu'apportaient dans toutes les affaires, notre gouvernement absolu à l'intérieur et notre position guer-
royante et victorieuse à l'étranger. En d'autres circonstances (et comme les faits postérieurs vont bientôt
le prouver) l'absence d'un chef véritable et officiel
de tous les bureaux du ministère, aurait été promptement reconnue pour ce qu'elle était, un grave défaut
dans l'organisation que nous examinons. Cette organisation avait encore un autre défaut capital, du moins
en principe. Dans les deux divisions du Nord et du
Midi, chaque personne travaillant à la correspon-

dance, traitait à la fois les affaires politiques, commerciales et contentieuses des pays classés dans ses attributions. La séparation des matières n'existait pour aucun grade d'employés. Il n'y avait pas d'hommes spéciaux, et il ne pouvait pas s'en former. Mais les circonstances de l'époque répondent également à ce nouveau reproche. Pour les affaires politiques, il se crée toujours des espèces de capacités spéciales : l'étude en est si attrayante et si facile à abréger ! Napoléon était là d'ailleurs. Pour les affaires contentieuses, il existait encore de ces *publicistes*, dont nous avons déjà parlé et déploré la disparition. Ces hommes attachés aux *archives* du ministère, leur place naturelle, disposant d'une bibliothèque nombreuse et choisie, entourés, bien mieux, de ces précieuses traditions, dont ils savaient retrouver la trace dans des correspondances de plusieurs siècles, donnaient de leur retraite fermée au public, des avis, que les divisions du Nord et du Midi (toutes les fois que la politique n'était pas contraire au droit) n'avaient absolument qu'à suivre pour être certaines de ne pas errer. Quant aux affaires commerciales, elles n'existaient pas, à proprement parler, au milieu de la guerre universelle. Elles ne se sont du moins produites dans la politique de ce temps, que sous la forme du blocus continental, et sur ce sujet personne n'avait besoin d'étudier, ni de s'ingénier. L'empereur, dont ce blocus était l'œuvre, pensait et travaillait pour tous. Il embrassait l'ensemble et les détails. On peut voir au ministère la correspondance d'alors : on y trouvera peu de lettres, même celles des agents du grade le plus inférieur, où il n'y ait des observations et des instructions de la main impériale! A côté d'ailleurs des deux divisions du Nord et du Midi, qui correspondaient avec les agents diplomatiques, se trouvait la division des *consulats* correspondant avec les agents consulaires. Celle-ci, après sa réunion au ministère, y avait d'abord été considérée avec beaucoup d'indifférence et comme une annexe assez insignifiante, qui ne pouvait avoir aucun rapport un peu étroit, un peu utile avec les divisions politiques. Dans l'organisation des bureaux, elle n'avait obtenu qu'une attention très superficielle et une place fort secondaire. Cependant, sortant peu à peu des obscurs travaux d'administration consulaire que lui donnaient les relations de ses agents, tant avec les Français établis en pays étranger qu'avec les ministères de la marine et de la justice, elle s'était mise à faire de la politique en petit, comme les divisions du Nord et du Midi en faisaient en grand. Ses consuls, dans leurs résidences de province, avaient imité les agents diplomatiques dans les capitales, observé les autorités locales, recueilli des nouvelles, vanté la France, dénigré ses ennemis, et surtout veillé au blocus continental. Ce dernier point commença à mettre la division des consulats en lumière. Afin d'ailleurs de l'occuper d'une manière plus sérieuse, on avait distrait des deux autres divisions, pour le lui remettre, ce qu'on appelait le *contentieux politique des prises*, c'est-à-dire l'examen et la discussion, sous le rapport diplomatique, et concurremment avec le ministère de la marine et le

Conseil des Prises alors existant, de toutes les questions relatives aux captures faites en mer par les corsaires français. Ces nouvelles attributions finirent par donner à la division des consulats une importance réelle. L'un de ses employés, dans des rapports, véritables chefs-d'œuvre pour le fond comme pour la forme, et qu'on ne saurait conserver trop soigneusement aux archives du ministère, traita les difficiles questions dont il s'agit avec une telle supériorité, que, peu après, il passa du poste secondaire qu'il occupait à celui de chef de la division du Nord, et resta depuis, sous différents titres, à la tête du ministère des affaires étrangères, jusqu'à la paix de 1815 exclusivement (1). Cependant

(1) Nous parlons ici de M. de la Besnardière, mort depuis quelques années seulement et auquel nous éprouvons le besoin de consacrer quelques lignes de souvenir. Bien connu dans la diplomatie, il ne l'est presque pas dans le public. C'était pourtant l'un des hommes les plus distingués d'une époque où il y eut tant de personnes remarquables par leurs talents. Mais sa vie simple et retirée n'a permis d'apprécier toute sa valeur qu'à ceux qui l'ont vu au travail ou dans l'intimité. Napoléon, avec son regard d'aigle, n'eut besoin de l'apercevoir qu'un moment pour le juger, et certaines circonstances de leur première entrevue sont peut-être assez piquantes pour que nous les racontions. Le prince de Talleyrand, qui, par parenthèse, doit à M. de la Besnardière prodigieusement de son esprit *écrit*, dans les congrès, dans le parlement, à l'académie et jusque dans ses correspondances particulières, était ministre des affaires étrangères, devait faire un voyage, et était convenu avec l'empereur qu'en son absence, le chef de la division du nord le remplacerait près de lui. Mais M. de la Besnardière, quand il sut cet arrangement si contraire à ses modestes habitudes, jeta les hauts cris et protesta de la manière la plus formelle qu'il n'irait point aux Tuileries. Ce fut une négociation complète, avec ses différentes phases, et M. de Talleyrand eut besoin de toute sa merveilleuse dextérité pour l'amener à bien. Enfin, comme M. de la Besnardière, vivement et habilement pressé, avait fini par se retrancher surtout derrière cette objection qu'il estimait insurmontable, que sa santé ne lui permettait pas de se tenir longtemps debout, M. de Talleyrand en référa à l'empereur.

et comme détail d'organisation, la position faite à la
division des consulats était ce qu'on pouvait imaginer
de plus défectueux. Il est évident qu'au lieu de donner
à cette division les affaires de prises maritimes, qui
sont des questions essentiellement politiques, il fallait
la fondre dans les divisions du Nord et du Midi, en
faisant expressément des consuls ce qu'ils étaient par
la force des choses, des auxiliaires de nos agents diplomatiques. Mais on était préoccupé de tant de grandes choses alors qu'on pouvait bien en négliger quelques petites.

En résumé, l'organisation des bureaux des affaires
étrangères sous l'Empire reposait sur quelques excellentes bases, et les défauts qu'on y pouvait remarquer
existaient plutôt en principe qu'en réalité, vu les circonstances extraordinaires de l'époque.

A l'avènement de la Restauration, il en devint tout
autrement. L'état de paix qui succédait à l'état de
guerre, l'égalité naturelle entre toutes les puissances
qui remplaçait la suprématie passagère de la France,
enfin le gouvernement parlementaire qui se trouvait
substitué au gouvernement absolu, devaient modifier
essentiellement le fond et la forme du travail au mi-

Mais celui-ci leva immédiatement l'objection, et quand M. de la Besnardière, assez désappointé, se présenta devant lui, il entama aussitôt et en riant l'entretien par ces paroles : *Asseyez-vous, monsieur.
Quant à moi, il faut que je reste debout et que je me promène. Chacun
a ses habitudes.* Puis, lorsque la conférence fut finie et que M. de la
Besnardière voulut en se retirant emporter ses papiers, Napoléon lui
dit de les laisser et qu'il les lui renverrait. Il les lui renvoya effecti-
vement quelques heures après, avec une nomination de conseiller
d'État à vie.

nistère. Les affaires politiques, bien que conservant
habituellement la prééminence, ne pouvaient plus ab-
sorber seules l'attention. Les affaires commerciales
destinées à se multiplier autant que les relations qui
venaient de se rouvrir avec tous les peuples, deve-
naient l'intérêt spécial et quelquefois dominant de la
nouvelle ère. Enfin les affaires contentieuses augmen-
taient singulièrement de difficulté, tant celles d'État
à État par la cessation de notre prédominance, que
celles où des particuliers se trouvaient intéressés, par
la faculté qu'avaient désormais ceux-ci de discuter les
décisions et la conduite du gouvernement dans la presse
et devant les Chambres législatives. Des changements
aussi notables exigeaient évidemment une nouvelle
organisation des bureaux, et c'est ce dont on s'occupa
à plusieurs reprises; mais l'expérience manquait pour
faire immédiatement tout ce qui était nécessaire.

Dans le principe, on ne comprit bien que la nécessité d'établir nettement l'unité de direction. En 1814,
les divisions politiques du Nord et du Midi, aussi bien
que la division des consulats furent mises sous les ordres d'un *directeur des affaires politiques*, tandis que
tous les autres travaux accessoires ou secondaires du
département et dont nous dirons quelques mots avant
de finir, furent placés dans les attributions d'un *directeur des chancelleries*. Les *archives* seules restèrent
isolées et indépendantes. Outre que le caractère purement consultatif de cette section importante du ministère semblait indiquer qu'elle ne devait pas être considérée comme faisant partie du service actif, il était

alors de tradition de ne la confier qu'à d'anciens chefs,
qui, en même temps qu'ils étaient particulièrement
propres à la bien conduire, y trouvaient une sorte de
retraite honorable et avantageuse : or, on n'aurait pas
jugé convenable de placer de tels hommes sous les ordres de successeurs plus jeunes qu'eux (1). Ces premières mesures pour établir l'unité de direction furent
bientôt complétées. A partir de la fin de 1815, tous les
bureaux du ministère, sans autre exception que celle
toujours subsistante des archives, furent soumis à la
surveillance, tantôt d'un seul *directeur*, tantôt d'un
sous-secrétaire d'État. Certes, il y avait en cela perfectionnement et perfectionnement essentiel de l'ancienne organisation. On conserva d'ailleurs avec toute
raison entre les mains des divisions du Nord et du Midi
la réunion des affaires politiques, commerciales et contentieuses. Seulement la séparation des matières entre
des employés inférieurs et spéciaux de ces divisions fut
encore négligée. C'était peut-être l'unique défaut
de l'organisation nouvelle ; mais il était grave.
Si en effet et par les mêmes raisons que nous avons
données précédemment, il n'avait point d'inconvénients sensibles pour les affaires politiques, ni même

(1) A l'époque dont nous parlons, le dépôt des archives était entre
les mains de M. d'Hauterive, bien connu par la part habile et utile
qu'il avait prise à toutes les grandes négociations de son temps. Il
est resté en place jusqu'à sa mort, qui a eu lieu au moment même
de la révolution de 1830, et tant qu'il a vécu, les ministres se sont
estimés heureux de profiter des trésors de sa vieille expérience (1).

(1) La direction des archives a été confiée en dernier lieu à l'un des employés supérieurs les plus anciens, les plus laborieux et les plus capables des affaires étrangères. Nous
ne pouvons qu'applaudir à ce retour aux bonnes traditions. (*Note de juillet* 1849.)

pour les affaires contentieuses, malgré la difficulté
croissante de celles-ci, il en entraînait de fort grands
pour les affaires commerciales, attendu l'importance
chaque jour plus considérable qu'elles acquéraient et
l'ignorance presque absolue de la matière où leur réap-
parition subite avait trouvé les bureaux du ministère.
A la vérité, on avait donné à l'ancienne division des
consulats le titre de *division commerciale*, et celle-ci,
pour justifier ce titre, qui tendait à la relever beaucoup, avait fait des efforts pour s'instruire des relations
de commerce et de navigation de la France avec les pays
étrangers. Mais d'une part, elle n'avait pour correspondants que les consuls, qui sont seulement en rapports avec les autorités secondaires de leurs résidences,
et elle manquait ainsi dans beaucoup de cas d'informations générales, que les agents diplomatiques, auxquels elle n'avait pas le droit d'adresser des instructions, auraient seuls pu lui procurer, par leurs relations avec l'autorité suprême. D'une autre part (et ce
que nous venons de dire l'explique), pour celles de
ses demandes en faveur de notre commerce qui exigeait le recours à l'autorité suprême, c'est-à-dire, toutes celles de quelque importance, elle était obligée de
solliciter l'entremise des divisions politiques, qui ne la
lui accordaient que selon leurs combinaisons et leurs
convenances particulières, plus ou moins bien enten-
dues. A plus forte raison, en était-il ainsi, quand il
s'agissait de la conclusion d'un traité ou accord international quelconque. La division commerciale était
rigoureusement tenue en dehors des négociations, où

du moins elle n'était admise à y prendre part que pour communiquer ses renseignements et ses idées, lorsqu'on songeait à les lui demander. Il résultait de cet état de choses, que personne dans le ministère ne pouvait s'instruire à fond des affaires commerciales, et que, bien pis, le maniement de ces affaires était confié à ceux qui ne les savaient pas du tout. Aussi, furent-elles conduites de la manière la plus extraordinaire. Nous n'en citerons qu'un exemple, pour ne point trop allonger ce chapitre, et nous userons d'ailleurs, en le rapportant, des précautions de style qu'exige notre système de ne nommer aucun des personnages dont notre sujet nous conduit à rappeler les actes. Une des divisions politiques avait conclu, comme c'était son droit, avec un pays d'Europe, une convention stipulant : 1° pour notre commerce, des droits d'importation *fixes*, c'est-à-dire ne pouvant pas être élevés au-dessus d'un certain taux ; 2° pour notre navigation, le traitement de la nation *étrangère* la plus favorisée. Cette convention, copiée de celle signée peu auparavant par les Anglais avec le même pays, s'était trouvée bonne et convenir aux intérêts de la France comme à ceux de la Grande-Bretagne. Mais, en la copiant, le ministère avait été plus modeste et heureux qu'habile ; car il ne l'avait pas comprise. En effet, le gouvernement avec lequel il avait négocié, s'avisa, au bout de quelque temps, d'une part, d'élever considérablement le taux de ses droits d'importation sur les marchandises (et précisément sur celles dont nous avions coutume d'approvisionner son marché) ; d'une autre part, de décré-

ter une diminution de ses droits de navigation en faveur
de sa marine marchande, de la marine *nationale*. Or,
il est bien évident que la première de ces dispositions,
en augmentant les droits *fixes* d'importation que nous
avions stipulés pour les marchandises, était une violation directe du traité, tandis que la seconde ne portait
aucune atteinte à l'avantage que nous avions réservé à
notre navigation, de jouir du traitement de la nation
étrangère la plus favorisée. Cependant le ministère se
méprenant sur le sens du traité, dont la rédaction pri-
mitivement anglaise n'était pas tout à fait aussi claire
que l'analyse que nous venons d'en donner, ce fut
contre la dernière disposition qu'il crut devoir réclu-
mer, et il laissa passer l'autre sans observation. Nos
réclamations portant ainsi sur le seul point qui ne les
justifiât pas, furent facilement repoussées. Nous nous
obstinâmes pourtant, mais en vain. L'affaire finit d'ailleurs, avec de pareilles bases de discussion, par tellement vieillir et s'embrouiller, que quand, à la suite
d'une organisation nouvelle du ministère, dont il sera
bientôt fait mention, nous nous aperçûmes de notre
méprise, nous perdîmes aussitôt toute espérance de
faire prévaloir même nos droits réels. Le démenti que
nous aurions été obligés de donner à tout ce que nous
avions dit et répété à satiété pendant plusieurs années,
aurait fait trop beau jeu à nos adversaires, et nous
n'eussions réussi qu'à nous rendre encore plus ridi-
cules. Les Anglais, dont les articles d'importation ne
se trouvaient pas frappés par les augmentations de
droit en question, n'avaient pas jugé à propos

8

d'élever une discussion purement de principe, au
sujet de la violation littérale du traité qui leur était
commun avec nous. Ils préférèrent rester spectateurs
silencieux de nos querelles, et à part eux ils durent
bien rire !... Cette négociation a cependant été menée
de la manière qu'on vient de voir, par un ministre,
un sous-secrétaire d'État et un ambassadeur, qui, tous
trois, étaient au nombre des hommes les plus distingués de notre pays. Mais tous trois ignoraient parfaitement les affaires commerciales, et ils n'avaient à consulter que des bureaux mal constitués. Les fautes analogues et trop nombreuses qui furent commises à cette
époque, auraient pu être évitées, si la division commerciale, au lieu de rester isolée et négligée dans un
coin du ministère, eût été fondue dans les divisions du
Nord et du Midi, pour y former des sections spéciales,
uniquement occupées de nos intérêts de commerce et
de navigation.

L'organisation de 1815, dans ce dernier cas, n'eût
laissé rien à désirer, quant aux points essentiels.

Mais une organisation nouvelle, qui se fit en 1825,
ne se borna point à un tel changement. Elle fut complète, radicale et basée sur des principes absolument
nouveaux. Ce fut une espèce de réaction, et comme
toutes les réactions, dans les petites choses aussi bien
que dans les grandes, elle dépassa les bornes raison-
nables. L'absence de séparation des matières pour les
employés de grades inférieurs était le défaut à faire
disparaître, et l'on adopta la séparation des matières
pour les employés de tous les grades. On avait senti

l'inconvénient de n'avoir point d'hommes spéciaux; et l'on n'en voulut plus d'autres. Les divisions politiques du Nord et du Midi et la division commerciale, traitant chacune à un point de vue plus ou moins élevé toute espèce de matières, furent remplacées par trois divisions spéciales et exclusivement chargées : la première, des *affaires politiques* ; la seconde, des *affaires commerciales* ; et la troisième, des *chancelleries* ou (ce que l'on comprenait sous ce titre) des *archives* et des *affaires contentieuses*. Chacune de ces divisions, pour les questions de sa compétence, correspondait nécessairement avec le monde entier et avec tous nos agents diplomatiques et consulaires. On supprima d'ailleurs le sous-secrétaire d'État ou directeur, dont l'existence n'était pas compatible avec celle d'un chef aussi important que celui qui concentrait dans ses mains toutes les affaires politiques. Une telle organisation parut présenter d'abord des avantages particuliers et notables. Les affaires politiques marchèrent, jusque dans leurs moindres détails, avec un ensemble parfait, qui n'avait point encore existé au même degré et dont on ne saurait méconnaître la grande utilité. Les affaires commerciales purent s'étudier à fond, furent maniées par des hommes compétents, et le ministère des affaires étrangères exerça ainsi sur leur solution dans le *bureau de commerce* récemment créé et dont nous avons parlé plus haut, l'influence qui devait lui appartenir. Enfin les affaires contentieuses, par leur réunion aux Archives, qui ont avec elles tant de rapports naturels et nécessaires, furent traitées avec une sûreté de jugement

remarquable. Mais si tout semblait pour le mieux, en
considérant chaque espèce d'affaires isolément, il n'en
était plus de même si on considérait ces affaires dans
leur ensemble. Pas un des chefs ne pouvait se former
une idée générale et complète de nos intérêts dans aucun pays. La divergence et la complication de ces intérêts dans le même pays ou seulement dans la même
affaire, n'existaient pas pour eux, si ce n'était à l'état
de théorie vague. Comment dès lors eussent-ils été disposés à peser consciencieusement et laborieusement
ces intérêts divers et à faire entre eux un choix, pour
ne songer ensuite qu'à amener le triomphe du plus
important? Chaque chef au contraire restait exclusivement préoccupé de l'intérêt spécial dont la défense
lui était confiée, sans rechercher en aucune façon si
ceux que soutenaient ses collègues étaient supérieurs
ou non. En un mot, personne dans le ministère ne pouvait avoir la moindre idée sur l'ensemble des affaires,
excepté le ministre. C'était donc à lui d'imprimer l'u-
nité de direction, de tout voir, de tout apprécier, de
tout décider, depuis les plus grandes questions jusqu'aux plus petites, et de faire concorder, dans un but
général et systématique, toutes les correspondances de
ses bureaux. Or, si, comme nous l'avons indiqué,
cela eût été au-dessus de ses forces, morales et phy-
siques, dans les organisations précédentes, où les chefs
des divisions du Nord et du Midi lui auraient du moins
apporté, chacun pour les pays de sa circonscription,
quelques idées générales, cela lui devenait bien plus
impossible encore dans l'organisation nouvelle, où ses

chefs arrivaient à lui, pour ainsi dire, avec une idée
fixe, dont rien ne pouvait les distraire. Un sous-secrétaire d'Etat, (si son existence eût été possible) homme
tout à fait du métier, profondément versé dans les
diverses matières à traiter et n'ayant point d'autres
occupations que les travaux intérieurs du ministère,
n'y aurait pas suffi. Aussi, qu'arrivait-il? Tantôt le
chef des affaires politiques, informé de ce qui devait se
faire dans une autre division que la sienne, s'y opposait pour peu que cela contrariât ses propres opérations,
et il s'y opposait avec tout le succès que lui assurait
le penchant naturel des ministres pour la politique.
Il faisait ainsi sacrifier fort souvent des intérêts importants qu'il ne comprenait pas, à des considérations
frivoles de pure convenance ou de simple commodité.
Tantôt au contraire, ses collègues qui, pour éviter
d'être contrariés sans motifs suffisants, tâchaient de
lui cacher leur besogne, lui suscitaient, à leur propre
insu, des obstacles déplorables, par leurs démarches
inopportunes ou même directement contraires aux
siennes. On devinera facilement, d'après cet exposé,
que nous aurions ici beaucoup d'histoires à raconter;
mais, toujours pour abréger, nous n'en dirons qu'une :
elle est des plus concluantes. Il existait entre la France
et une nation voisine un traité de délimitation, dont
la date remontait au siècle dernier. Ce traité, qui avait
pour but de mettre un terme aux querelles violentes
des frontaliers respectifs pour la jouissance de certaines
portions de territoire, avait été si mal conçu, que son
exécution eût inévitablement fait dégénérer en une

guerre acharnée et constante, ces querelles, regrettables sans doute, mais après tout accidentelles et passagères. Il était d'ailleurs à notre désavantage, et, lors de sa conclusion, il avait excité en France les réclamations les plus vives. Notre gouvernement de ce temps, tout absolu qu'il était, avait dû se résoudre à ne pas l'exécuter, malgré les plaintes de l'autre partie contractante; et il s'était montré à cet égard si persistant, que celle-ci, lasse d'argumenter sans succès et souvent sans réponse, avait fini par n'en plus parler. Le traité était alors tombé en désuétude par une sorte d'accord tacite, et les deux parties s'étaient bornées, comme par le passé, à arranger de leur mieux les querelles de temps à autre renaissantes de leurs frontaliers. Cela durait ainsi depuis beaucoup d'années, quand les affaires contentieuses sortirent des attributions des anciennes divisions politiques pour passer dans celles de la nouvelle division des Chancelleries. Or, au premier trouble qui s'éleva sur la frontière, les hommes spéciaux de cette nouvelle division s'imaginant que si le vieux traité destiné, du moins en apparence, à terminer les différends relatifs aux limites, n'avait point été invoqué par les divisions politiques, c'était uniquement pour cause d'ignorance, réclamèrent l'exécution de cet acte près du gouvernement étranger intéressé. Celui-ci, au profit duquel était le traité tout entier, s'empressa, comme on pense bien, d'accéder. Mais quand il nous fallut passer à l'exécution, les plaintes de nos frontaliers s'élevèrent avec la même violence qu'au siècle dernier, et avec d'autant plus de force, que depuis cette époque le système représentatif avait remplacé en France le régime absolu. Il nous fallut donc reculer, nous dédire de nouveau et tâcher de trouver des raisons pour refuser ce que nous venions nous-mêmes de demander. Qu'on juge des embarras et des ennuis d'une telle position ! Nous dûmes repasser péniblement et peu glorieusement par toutes les discussions diplomatiques, dont nous avions eu jadis tant de peine à nous débarrasser.

En somme, cependant, l'organisation de 1825 a été utile à l'instruction des bureaux du ministère, et peut-être que sous ce rapport et vu les circonstances du moment, elle avait pu être considérée comme nécessaire. Mais il est évident du moins qu'elle devait être purement transitoire et faire bientôt place à une combinaison meilleure pour tous les temps.

En effet, après quatre années d'existence, elle fut abandonnée et l'on revint en principe aux anciennes organisations, dont trente ans et plus de pratique avaient démontré la supériorité. Seulement, on s'appliqua à introduire dans celles-ci les perfectionnements dont elles avaient été jugées susceptibles. Les trois divisions politique, commerciale et des chancelleries furent de nouveau fondues en deux grandes *directions*, distinguées entre elles par les titres de *première* et de *seconde*, mais ayant les mêmes attributions que les anciennes divisions du Nord et du Midi, tant sous le rapport de la distribution des différents pays du monde entre elles, que sous celui de la réunion des matières politiques, commerciales et con-

tentieuses entre les mains de leurs chefs. On établit
en outre dans chaque direction, au moyen des hommes
spéciaux formés pendant la durée de l'organisation
précédente, trois sous-directions exclusivement chargées, l'une des affaires politiques, l'autre des affaires
commerciales, et la dernière des affaires contentieuses.
Quant aux Archives, on les replaça dans leur position
naturelle de section isolée, indépendante et consultative. Ainsi, en premier lieu, on était revenu à la réunion des matières entre les mains des chefs. En second
lieu, on était arrivé à la séparation des matières pour
les subordonnés. Il ne manquait plus absolument pour
remplir toutes les conditions que nous avons posées
comme nécessaires à la bonne expédition du travail,
que la nomination d'un sous-secrétaire d'Etat, chargé
d'imprimer l'unité de direction. Or, cette nomination
entrait expressément dans le plan de l'organisation
nouvelle et même elle eut lieu. Mais on avait fait des
deux directeurs des hommes trop importants par leurs
attributions et surtout l'un d'eux, pour qu'un supérieur, autre que le ministre, pût leur donner conve-
nablement et efficacement des ordres. D'ailleurs, ils
prirent de tous les moyens d'écarter ce supérieur, le
plus sûr et le plus honorable : ce fut de le rendre inutile, en établissant entre eux un concert si intime et si
loyal pour la conduite de toutes les affaires, que l'u-
nité de direction en résultât naturellement. Le sous-
secrétaire d'État fut supprimé, avant même d'avoir terminé son installation. Toutefois, ce concert entre les
directeurs, sans rivalité ni mystère, doit être considéré

comme un accident tellement rare, qu'on ne saurait
en faire la base d'une organisation. La nomination d'un
sous-secrétaire d'État offre plus de sûretés. Seulement,
on ne doit pas donner à celui-ci des subordonnés trop
considérables. Il fallait, en 1829, remplacer les trois
divisions spéciales des affaires politiques, des affaires
commerciales et des chancelleries, non par deux, mais
par trois directions mixtes, entre lesquelles on eût réparti les différents pays du monde (1).

Quoi qu'il en soit, de toutes les organisations que
nous venons de discuter, c'est incontestablement celle
de 1829, qui, en théorie, s'est le plus rapprochée de
la perfection, et qui, dans la pratique, a permis aux
affaires de marcher avec le plus d'ensemble. On n'y
était arrivé qu'après des essais différents et nombreux,
mais constamment inspirés par des idées d'intérêt public.

Il nous semblerait superflu de continuer cet examen
pour les organisations générales ou partielles qui se
sont faites sous la dernière monarchie. Ces nouvelles
organisations n'ont été que des réminiscences des an-

(1) En insistant aussi fortement que nous le faisons sur la nécessité
d'un sous-secrétaire d'État, nous entendons que ce sous-secrétaire
d'État doit être un homme d'affaires et du métier; car si c'était
seulement un homme *politique* et un orateur, il ferait double emploi
avec le ministre et deviendrait superflu, partant plus nuisible qu'u-
tile. Il vaudrait beaucoup mieux alors se reposer, pour établir l'unité
de direction dans les affaires du département, sur le concert des
différents chefs entre eux. Mais, il ne faudrait pas que ce concert fût purement spontané de la part de ceux-ci, comme il l'était
en 1829 : ce serait trop hasardeux. Les réunions de chefs qui appar-
tiendraient à ce système devraient être réglementées, surveillées et
quelquefois présidées par le ministre.

ciennes et à certains égards des réminiscences fort confuses appartenant à tous les systèmes à la fois ; elles n'ont guère eu d'autre but que de satisfaire à des convenances personnelles ; et leur discussion nous entraînerait dans des redites fastidieuses. Nous nous bornerons à remarquer que depuis le moment où, sous prétexte de progrès, on a détruit, pour revenir à des vieilleries, l'organisation de 1829, qui n'était que le résultat d'une succession de progrès, il a été plusieurs fois question de la rétablir. De toutes les objections qu'on a faites à ce rétablissement et qui l'ont empêché, la seule spécieuse, c'était la difficulté de trouver immédiatement des Directeurs et un sous-secrétaire d'État, assez instruits tout à la fois des affaires politiques, des affaires commerciales et des affaires contentieuses, pour imprimer la direction d'ensemble, qui devait, à différents degrés, leur être confiée. Cette objection, il faut le reconnaître, était assez fondée. Mais, on le voit, elle ne reposait sur aucun principe. Ce n'était qu'une objection de fait, de circonstance et elle menait à un cercle vicieux. En effet, l'unique moyen de former des hommes à instruction générale, était d'arranger les choses de manière à ce qu'on ne pût désormais devenir Directeur et, à plus forte raison, sous-secrétaire d'Etat, qu'avec une instruction générale. Tant que cette condition n'existait pas, chacun devait évidemment se confiner dans sa spécialité, se tenant pour satisfait des avantages faciles qu'elle pouvait offrir, et l'objection subsistait. Nous ne comprenons pas qu'on se soit arrêté devant une si petite difficulté, lorsqu'il s'agissait d'at-

teindre un but aussi important que celui de rendre au
département l'unité de direction qui lui manquait. Car,
d'une part, nous croyons avoir démontré par le raison-
nement et par les faits, que le ministre est plus qu'aucun
autre dans l'impossibilité d'imprimer cette unité de
direction, et il n'est pas moins démontré que dans une
organisation vicieuse, un sous-secrétaire d'État reste à
peu de chose près aussi impuissant que le ministre.
D'une autre part, il suffisait pour résoudre victorieuse-
ment l'objection présentée, de faire un léger effort de
volonté, de choisir, à défaut d'hommes à instruction
générale, ceux des hommes spéciaux, qui étaient encore assez jeunes de corps et d'esprit, pour étudier et
apprendre des choses nouvelles, puis de prendre parmi
eux des Directeurs, et un sous-secrétaire d'Etat. A l'aide
de leurs subordonnés qui seraient restés exclusivement
occupés, ceux-ci de politique, ceux-là de commerce et
les autres de contentieux, les nouveaux chefs auraient
au moins pu, dès le principe, éviter des fautes dans les
affaires spéciales qu'ils ne connaissaient pas; peu à peu
ils se seraient eux-mêmes instruits de ces affaires; et
enfin ils seraient parvenus assez promptement à dominer leur besogne tout entière. C'était l'expérience
qu'on avait faite en 1829 et qui n'avait pas mal réussi.
C'était ainsi que M. de la Besnardière, déjà cité dans
cet écrit, n'étant encore connu que par ses travaux sur
des questions contentieuses dans la division des Consulats, avait brusquement été chargé, sous l'Empire, des
affaires politiques de la division du Nord. C'était encore ainsi que, peu de temps auparavant, M. d'Haute-

rive, déjà cité aussi, avait été porté, après des travaux analogues dans la même division des Consulats, à la tête de la division politique du Midi (d'où il avait passé plus tard aux Archives). Tous deux s'étaient rapidement mis au niveau de leurs nouvelles positions et s'y étaient acquis la réputation la plus honorable.

Le gouvernement de 1830 n'a fait au ministère des affaires étrangères qu'une bonne, mais très bonne, innovation. C'est la création d'une *commission consultative du contentieux diplomatique*, et elle mérite quelques explications. Depuis qu'en 1825, les affaires contentieuses avaient été remises, aussi bien que les archives, à la division des Chancelleries, les deux divisions politique et commerciale s'étaient trouvées conduites, par la force des choses, à reprendre peu à peu l'examen et la décision de celles de ces affaires qui se rattachaient le plus essentiellement à leurs travaux particuliers; et en effet on a vu au chapitre III, qu'à bien dire, les questions contentieuses ne sont pas autre chose que des questions politiques ou commerciales. D'un autre côté, les *publicistes*, dont le ministère tout entier prenait autrefois l'avis et qui maintenaient ainsi l'unité de doctrines en matière de droit public, avaient disparu, soit qu'ils fussent morts et n'eussent pas été remplacés, soit qu'ils eussent quitté les archives pour passer dans le service actif. Il était résulté de ces changements que les opinions professées dans des questions semblables par des bureaux différents n'avaient pas toujours été en parfaite concordance et même s'étaient trouvées parfois en con-

tradiction plus ou moins directe. En outre et par suite
des idées nouvelles en matière de gouvernement et d'administration, les décisions ministérielles prises uniquement sur des rapports de bureaux, soit qu'elles
s'appliquassent à des contestations avec les gouvernements étrangers, soit qu'elles fussent relatives à des
réclamations de simples particuliers, n'avaient pas
conservé assez d'autorité, pour que les parties intéressées les considérassent jamais comme définitives.
A peine les tenait-on pour valables pendant le séjour
aux affaires du ministre qui les avait rendues. Mais,
dès qu'il était parti, les mêmes contestations et les
mêmes réclamations renaissaient pour son successeur,
qui devait les examiner, les discuter et les décider de
nouveau. Il fallait recommencer ainsi à chaque changement de ministre, et l'on voyait les mêmes affaires
se reproduire presque sans interruption pendant douze
ou quinze années de suite. Or, cet état de choses
si peu satisfaisant avait été dès 1828 le sujet d'un
rapport des bureaux, et la conclusion de ce rapport
était, que pour assurer en matière de contentieux diplomatique, la fixité indispensable à la jurisprudence et
une autorité définitive aux décisions ministérielles, il
convenait de former, en dehors des divisions de correspondance, une réunion de personnes nommées par
le chef de l'État et chargées de donner sur toutes les
affaires qui leur seraient renvoyées par le ministre,
des avis, dont les divisions feraient ensuite l'usage
qu'elles croiraient le plus conforme à l'intérêt du pays.
C'était ainsi, remarquait-on, que le gouvernement

anglais avait ses *avocats de la couronne*, dont il opposait, quand il le jugeait convenable, les consultations,
comme une barrière insurmontable, tant aux prétentions des particuliers, qu'à celles même des gouvernements étrangers. Cet exemple de l'Angleterre, qu'on
n'avait cité que subsidiairement, eut plus de succès qu'on ne désirait. Car le ministre qui fit l'organisation de 1829, au lieu d'instituer la commission
proposée, se borna à attacher aux Archives deux avocats consultants, hommes de beaucoup de mérite,
mais dont il se flattait à tort de tirer des services analogues à ceux que rendent en Angleterre les *avocats de
la couronne*. Ceux-ci doivent en effet la plus grande
partie de leur importance et de leur autorité à l'anti-
quité de l'institution qu'ils représentent. Le gouvernement de 1830 a donc fort bien fait de substituer à
cette combinaison visiblement insuffisante, la commission consultative existant aujourd'hui. Cette commission est tout à fait en mesure de rendre des services
essentiels. Composée d'anciens agents diplomatiques et
de jurisconsultes, elle jouit d'une autorité assez imposante, et elle possède en droit public aussi bien qu'en
législation, la réunion de connaissances nécessaire pour
discuter les questions sous leurs différentes faces et les
bien résoudre. Seulement, nous avons toujours regretté
que les Archives, dont cette commission doit souvent
consulter les *précédents*, n'aient pas été appelées à
fournir au moins un commissaire. Une place distin-
guée dans une telle réunion aurait dû, à ce qu'il
nous semble, être réservée au directeur, garde du dé-

pôt. Les délibérations n'auraient pu qu'y gagner en promptitude et en solidité (1). Il existe entre les Archives et le contentieux diplomatique des rapports étroits, que, par la force des choses, on a presque toujours été obligé d'admettre et de constater en fait, mais qu'on n'a jamais reconnus assez nettement en principe et dont par suite on n'a pas tiré toutes les conséquences utiles (2).

Nous terminerons ici ce travail. Il n'entre pas dans notre plan de rédiger un projet détaillé d'organisation pour le ministère des affaires étrangères. Nous nous sommes limités d'avance à en indiquer, selon nos lumières et notre conviction, les bases générales, et uniquement en ce qui touche aux affaires principales.

Il est évident d'ailleurs que ces bases se prêtent à des organisations plus ou moins larges, plus ou moins économiques. Ainsi l'on peut mettre à la tête du ministère, soit un sous-secrétaire d'Etat avec des direc-

(1) Nous venons d'apprendre avec grand plaisir que notre vœu sous ce rapport a été réalisé depuis peu. Le garde du dépôt des archives fait maintenant partie de la commission du contentieux. (Note de juillet 1849.)

(2) Il s'était encore fait une bonne chose sous la dernière monarchie. Profitant d'un travail entrepris au commencement de 1830, mais demeuré incomplet et sans résultats par suite de la révolution, on avait publié une révision des anciennes ordonnances relatives à la carrière et aux fonctions consulaires. Sauf quelques innovations assez peu heureuses concernant les chancelleries, cette révision était une œuvre fort utile. Mais les dispositions qu'elle consacrait au sujet du personnel ne s'accordèrent pas plus tard avec le système des *nécessités parlementaires* dont nous avons parlé au commencement de cet écrit. Elles ne permettaient pas d'introduire qui on voulait dans la carrière, et elles furent remplacées par des dispositions plus élastiques. Cette question, au surplus, ne rentre pas dans notre sujet actuel. Peut-être la traiterons-nous quelque autre jour, en parlant du service extérieur des affaires étrangères.

teurs, soit un directeur avec des chefs de division.
On peut encore établir dans chaque direction ou division une section particulière pour les affaires contentieuses, ou au contraire (et mieux peut-être) répartir ces affaires, suivant leur nature, entre les deux sections chargées des affaires politiques et des affaires
commerciales : l'existence de la commission consultative, qui, composée d'hommes spéciaux, a remplacé
les anciens publicistes, rend très possible le choix entre ces deux combinaisons. Mais nous n'attachons pas
grande importance à ces variétés secondaires d'organisation, parce que nous n'y voyons rien qui intéresse
essentiellement le service. Ce ne sont que des question d'argent, et de peu d'argent. Sous ce dernier
rapport, et si nous n'étions pas découragés par le cours
des choses, qui depuis une vingtaine d'années engage
de plus en plus notre pays dans la voie de la multi-
plication des emplois et de la réduction des traite-
ments, nous ajouterions uniquement comme observation générale, que c'est surtout aux affaires étrangères
que devrait être appliquée cette maxime, d'ailleurs
économique, de toute bonne administration : *peu
d'employés bien payés.*

Quant aux autres travaux du ministère dont nous
nous sommes réservé de parler brièvement avant de
finir, et qui, bien que d'une importance secondaire,
n'en ont pas moins tous leur intérêt et leur difficulté,
ils se trouvent distribués en dehors des grandes directions de correspondance, entre diverses sections spéciales, dont les noms indiquent assez clairement les

attributions : le *secrétariat*, la *comptabilité*, le *chiffre*, les *traductions*, le *protocole*, la *statistique* (dont nous avons parlé précédemment) les *passeports et légalisations*, enfin les *affaires particulières* (1). De ces nombreuses sections, le *secrétariat* et la *comptabilité* sont avec raison les seules qui aient une existence indépendante. Les autres ne sont et ne doivent être considérées que comme des annexes à répartir, suivant les règles de l'analogie, entre les divisions principales. Or, la constitution de toutes ces sections, ainsi que leur méthode de travail, pourraient donner lieu à plusieurs observations, sous le double rapport de l'économie et de la régularité. Il en serait de même de la répartition, qui, comme on vient de le voir, se fait de quelques-unes d'elles dans le ministère, et qui, fort à tort, suivant nous, n'a lieu la plupart du temps que d'après des considérations personnelles ou en quelque sorte au hasard et avec beaucoup trop d'indifférence. Mais ces observations nouvelles nous entraîneraient dans des détails minutieux et techniques, dont l'importance ne compenserait pas suffisamment l'aridité.

Nous appréhendons déjà que certaines personnes, même parmi celles qui ont passé plus ou moins de temps aux affaires étrangères, ne nous reprochent d'avoir trop insisté sur les bases générales d'organisation que nous nous sommes bornés à discuter, et d'en avoir

---

(1) On désigne sous le nom de *particulières* les nombreuses affaires d'intérêt privé qui ne se rattachent à aucune des trois classes d'affaires politiques, commerciales et contentieuses, par exemple, les renseignements ou actes à transmettre ou à recueillir en pays étranger, etc., etc.

exagéré l'utilité. Ce sera pour nous le sujet d'une dernière remarque. Il y a, nous l'avons déjà implicite-
ment indiqué, des instants où le plus ou moins de logique, le plus ou moins de régularité dans la méthode
de travail et dans l'organisation des bureaux, sont
choses assez indifférentes. Quelquefois, à la suite d'une
grande commotion sociale, qui bouleverse et dénature,
pour un certain temps, les relations ordinaires des
peuples entre eux, les travaux du ministère se trouvent
fortement modifiés et même quelques-uns d'eux sont
tout à fait interrompus. Ainsi, les affaires commerciales, qui ne se développent que dans les temps régu-
liers et tranquilles, cessent, pour ainsi dire, d'exister.
Les questions contentieuses restent suspendues ou se
résolvent brusquement, bien plus selon les exigences
du moment que conformément aux règles du droit.
Enfin les affaires politiques prennent une importance
vitale, un caractère d'urgence, une allure imprévue,
qui commandent une attention extraordinaire et exclusive. Ce serait d'ailleurs alors qu'il importerait plus
que jamais de suivre une politique, non de phrases et
de sentiments, mais de faits et d'intérêts, et malheureusement cette dernière politique a moins que jamais
alors des chances de prévaloir. Tout cela s'est vu en
1830 et se voit encore aujourd'hui. Quelquefois aussi
un gouvernement (sauf dans les occasions assez rares
où ses intérêts personnels se trouvent en jeu) veut et
jusqu'à un certain point peut adopter pour système
diplomatique de ne rien faire, de regarder le monde
aller, sans trop s'inquiéter où il va ni surtout entre-

prendre d'influer sur sa marche. Au lieu de suivre avec soin et persévérance toutes les questions qui intéressent plus ou moins le pays, il s'applique à les éluder, autant et aussitôt que cela est praticable. Il donne à peu près pour unique direction à ses agents, lorsqu'ils partent : *Ne nous faites point d'affaires*. Puis il les laisse fort tranquilles à leurs postes sans leur écrire, préférant traiter lui-même à Paris, directement avec les ambassadeurs étrangers, le très petit nombre de questions dont il consent à s'occuper. Si pourtant, dans un cas exceptionnel, à cause de quelque incident fortuit, il est obligé d'écrire à ses agents, il tâche de ne leur dire que des paroles vagues et à double entente, lorsqu'il ne parvient pas à en trouver qui ne signifient rien du tout, ce qu'il estime la perfection du style d'instructions. Sans trop le leur recommander du reste, il ne défend pas à ses agents de lui écrire à lui-même. Seulement, il ne goûte et ne récompense que les correspondances semblables à la sienne, ayant la moindre signification possible. Toute correspondance un peu solide, nourrie et surtout contenant quelque vue, quelque proposition nouvelles, lui déplaît et l'inquiète, et il se prévient immédiatement contre l'auteur, comme *ayant trop d'idées et devant être ingouvernable.* Tout cela s'est également vu. Or, il est bien clair que dans les cas si différents que nous venons d'indiquer, peu importe comment le département est organisé. Le ministre, avec l'aide d'un homme de talent pour secrétaire, peut suffire à la besogne. Mais il n'est pas moins clair qu'il ne s'agit là, fort heureusement, que de cas exceptionnels. Dans les temps ordinaires, où les divers intérêts de la France au dehors ont liberté entière de se produire et où le ministre des affaires étrangères veut tirer de ses bureaux toute l'aide qu'ils peuvent lui prêter pour la protection de ces intérêts, l'organisation que nous avons esquissée et qui, nous le répétons, n'est que le produit de l'expérience, doit être considérée comme la seule bonne. Pendant les époques exceptionnelles elles-mêmes au surplus, une bonne organisation n'offre aucun inconvénient. Elle a au contraire cet avantage de ne pas laisser perdre plus ou moins complètement les saines traditions de travail, et de faciliter la reprise immédiate de ces traditions, aussitôt que le permettent des circonstances plus favorables.

Paris, octobre 1848.

APPENDICE.

N° 1.

(Extrait d'un Rapport sur la Hollande et la Belgique.)

Juillet 1831.

... Pendant l'existence du royaume des Pays-Bas, la Hollande, qui n'a guère conservé de ses anciennes et nombreuses sources de richesses, que des capitaux considérables et l'intelligence merveilleuse de ses habitants pour le commerce de commission et de transport ou d'*économie*, aurait désiré d'ouvrir les ports du royaume, sans aucun droit de douane, aux productions du monde entier. La Belgique, au contraire, pays essentiellement agricole et manufacturier, aurait voulu repousser du territoire commun toutes les industries étrangères rivales de la sienne, par les tarifs les plus élevés. Le gouvernement néerlandais ne put pas parvenir à concilier dans ses possessions européennes, des prétentions aussi diamétralement opposées. Le système moyen qu'il suivit à cet égard ne satisfit personne. Les droits de douane fort modérés qu'il établit sur les marchandises étrangères ne parurent aux Hollandais qu'une gêne sans utilité, aux Belges qu'une protection insuffisante. Il fut plus libre et plus heureux dans le système qu'il

adopta pour ses possessions coloniales : la compagnie privilégiée qu'il forma et qui, sur *navires hollandais*, transporta et
vendit dans ces possessions les *productions de la Belgique*,
procura aux deux pays des avantages mutuels assez notables.
A la vérité, ces avantages restèrent fort au-dessous des désirs
des Belges, qui n'y trouvèrent pas la compensation de ceux
dont ils jouissaient pendant la réunion de leur pays à l'empire français ; mais du moins le mécontentement de la classe
agricole et industrielle ne fut pas poussé à l'extrême, et l'on
peut croire que la différence des intérêts commerciaux n'aurait pas amené la séparation des deux peuples, si, à cette cause
d'incompatibilité, ne se fussent pas jointes celles résultant de
la différence des langues, des mœurs et des religions, et surtout si sous ces derniers rapports, ainsi que par le choix qu'il
faisait presque exclusivement des Hollandais pour les emplois,
le gouvernement néerlandais ne se fût pas montré aussi par-
tial et aussi peu habile.

Quoi qu'il en soit, il est bien évident que les intérêts *commerciaux* du royaume des Pays-Bas, qui avaient une très
haute importance sous le point de vue de l'administration intérieure, ne devaient au contraire exercer qu'une influence
médiocre sur les relations de ce pays avec l'étranger. A cet
égard, ils étaient trop divergents et tendaient trop fortement
à se neutraliser les uns par les autres. L'intérêt *politique* dominait essentiellement les rapports diplomatiques du gouvernement néerlandais. Or, on sait que ce gouvernement n'avait
été placé en 1815 à la tête des Pays-Bas et n'avait hérité de
nos dépouilles, qu'à la condition de servir à l'Europe de barrière contre nous. Il considérait par cela seul la France comme
son ennemie naturelle ; son premier soin avait été de chercher
des appuis contre elle ; et des quatre puissances qui avaient
présidé à sa formation, la Prusse et la Russie, par des raisons
trop connues pour qu'on les rappelle ici, avaient dû lui pa-
raître celles qui se trouveraient le plus constamment en mesure de lui accorder une protection immédiate et efficace. Ce

fut donc avec ces deux puissances qu'il entretint les relations les plus intimes.

Toutes les combinaisons, tant *politiques* que *commerciales* qu'on vient d'indiquer, se trouveront complètement changées par la séparation de la Hollande et de la Belgique.

Le premier de ces pays va, sans aucun doute, abolir ou du moins réduire jusqu'à l'insignifiance ses droits d'importation. Il s'efforcera ainsi d'attirer chez lui la plus grande quantité possible de marchandises étrangères ; de faire de son territoire un centre général d'échanges, non seulement entre les diverses contrées de l'Europe, mais encore entre les différentes parties du monde; et enfin de conserver pour lui la totalité des bénéfices d'entrepôt, de transit et de commission, ainsi qu'une partie des bénéfices de transport, dont ces échanges seront l'occasion. Il va, en un mot, se livrer avec une nouvelle ardeur à ce commerce d'*économie* dans lequel on l'a toujours reconnu si habile. Or, il est évident que dans cette situation la Hollande est appelée à faire avec l'Angleterre des affaires aussi considérables que lucratives, tant qu'elle sera en bonne intelligence avec cette puissance. Il est encore évident qu'à la moindre brouille avec l'Angleterre, un blocus de ses ports pourra paralyser en un instant toutes les sources de sa prospérité. Séparée de nous par la Belgique, elle n'aura plus à nous redouter. L'appui qu'elle cherchait dans la Prusse et la Russie deviendra inapplicable aux nouvelles circonstances dans lesquelles elle se trouvera. Ce sera désormais de l'Angleterre qu'elle aura tout à craindre comme tout à espérer. Le cabinet britannique exercera donc à La Haye une influence tout à fait dominante, et cette influence reposera, comme on le voit, sur les intérêts *commerciaux* de la Hollande, dont les relations diplomatiques seront à l'avenir régies par cette espèce d'intérêts. Nous profiterons d'ailleurs pour nos vins et nos soieries, de la liberté de commerce qui devra s'établir en Hollande, et le gouvernement de ce pays cessera de nous être hostile....

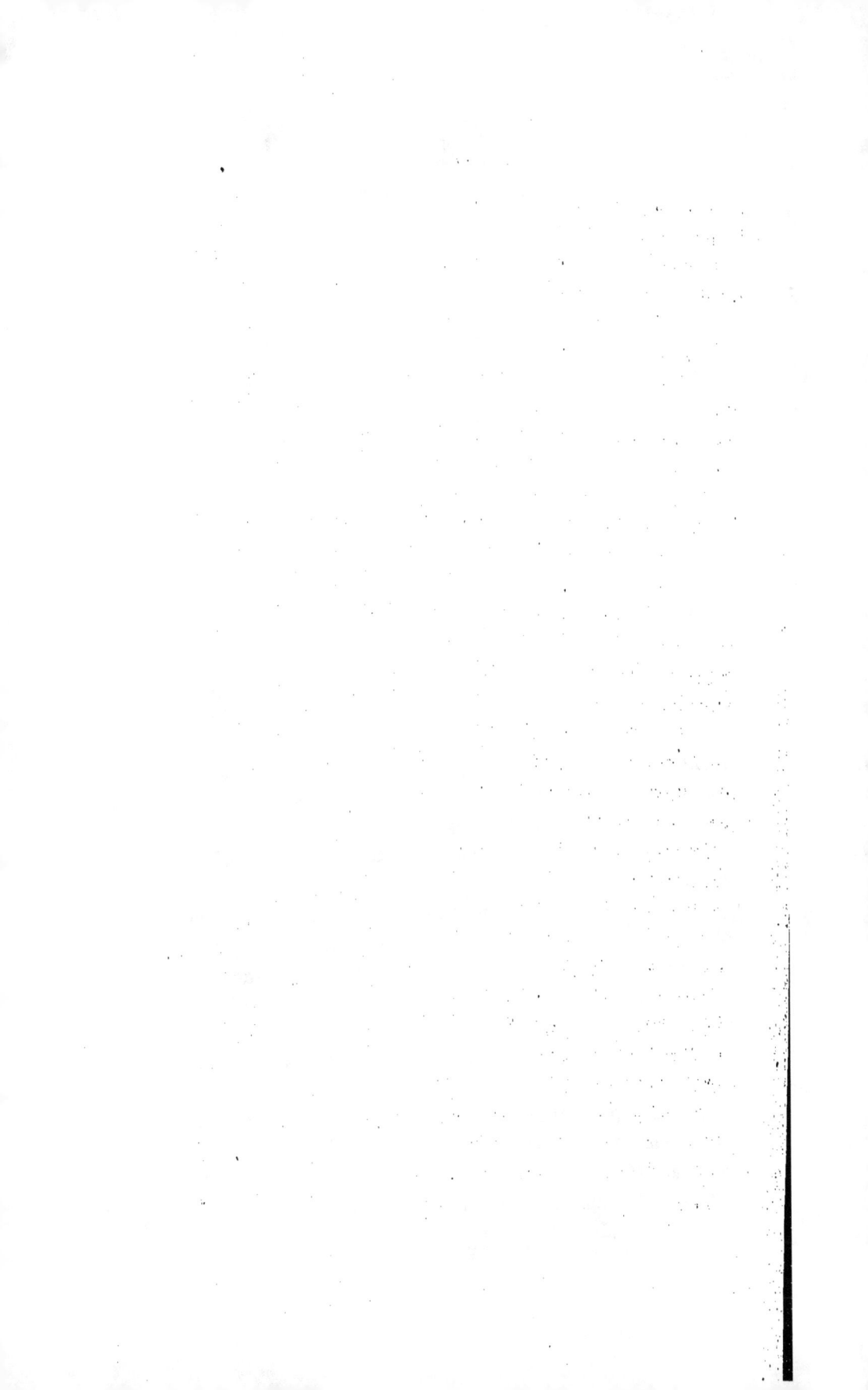

N° 2.

(Extrait d'un Mémoire sur Montévidéo.)

Mars 1847.

Tant que Montévidéo a dépendu de l'ancienne vice-royauté de Buenos-Ayres, cette ville n'était considérée que comme un point militaire dominant l'entrée de la Plata. On la désignait sous le titre de *Presidio* (ville de garnison). Elle n'avait aucune espèce d'importance commerciale. Sa population ne s'élevait qu'à 6 ou 7,000 âmes. Elle était, en un mot, dans le même état de faiblesse et de pauvreté, où languissaient toutes les autres villes de la vice-royauté, sauf Buenos-Ayres, aux intérêts de laquelle les lois et l'administration coloniales avaient tout sacrifié.

La chute de la domination espagnole n'avait pas beaucoup changé cet état de choses. Buenos-Ayres, au milieu de toutes les modifications de forme et de langage qu'exigeaient dans la direction du gouvernement les circonstances nouvelles, n'avait rien négligé pour maintenir son monopole commercial au détriment de Montévidéo, comme à celui de toutes les autres villes argentines.

Le Brésil, pendant le temps qu'il a eu la Bande orientale en son pouvoir, s'était montré plus libéral. Mais la Bande orientale avait été trop tôt ravagée par la guerre que se sont faite pour sa possession l'Empire et la République argentine.

Ce n'est qu'à la suite du traité de 1828, par lequel les deux
contendants ont reconnu de commun accord l'indépendance
de la République orientale, que Montévidéo a pu manifester,
avec autant d'éclat d'ailleurs que de rapidité, ses dispositions
merveilleuses à l'agrandissement et à la richesse. Malgré les
terribles ravages exercés avant ce traité sur son territoire,
pendant une succession, pour ainsi dire, non interrompue, de
guerres civiles et étrangères, et malgré les troubles presque
continuels excités depuis dans sa population, par les intrigues
de Buenos-Ayres, qui (surtout depuis l'avènement de Rosas) a
constamment tendu à déchirer le traité de 1828 à son profit,
Montévidéo, dix années seulement après son affranchissement,
dans l'année 1838, a commencé à offrir le spectacle d'un développement de richesses inoui.

On a attribué cette prospérité au blocus que la France a
mis alors devant Buenos-Ayres, et je crois devoir, avant d'aller
plus loin, m'inscrire contre cette assertion généralement admise. Elle est complètement démentie par les faits qu'on n'a
pas pris la peine de consulter. Que le blocus de Buenos-Ayres,
en concentrant l'attention des spéculateurs sur Montévidéo et
en rendant impuissantes les intrigues de la première de ces
villes contre la seconde, ait été pour celle-ci un incident très
favorable, c'est ce qui ne saurait se nier. Mais le développement du commerce et de la richesse de la République de
l'Uruguay, qui a pu recevoir l'impulsion de cet incident, ne
saurait s'expliquer suffisamment par lui. La preuve, c'est
que ce développement a continué après la levée du blocus, en
1841 et en 1842 : il ne s'est arrêté qu'en 1843, lorsque
l'armée argentine a envahi le pays.

La prospérité si étonnamment progressive de Montévidéo,
pendant les seules *cinq* années (de 1838 à 1842) où cette ville
a joui plus ou moins pleinement de la paix intérieure et d'une
existence indépendante, s'explique par des causes plus réelles
et plus durables.

1° Montévidéo, située à l'entrée de la Plata et offrant aux

bâtiments de commerce un port formé par une petite baie, où le mouillage est suffisamment sûr et où les communications avec la terre sont presque toujours faciles, a sous ce double rapport des avantages précieux et incontestables sur tous les autres ports du fleuve, notamment sur celui de Buenos-Ayres, qui a les inconvénients directement opposés.

2° La Bande-orientale, bornée à l'est, au sud et à l'ouest par la Plata et l'Uruguay, traversée en outre par un grand nombre de rivières de moindre étendue, mais qui passeraient pour assez considérables en Europe, sillonnée enfin et en tous sens par une multitude de ruisseaux, est d'une fertilité prodigieuse, même pour ces contrées où la terre est si féconde. La République argentine est beaucoup moins également arrosée. Dans ses immenses plaines, ses fameuses *pampas*, et à une certaine distance de ses grands fleuves, elle est assez souvent désolée par des sécheresses, qui font mourir par centaines de milliers les bestiaux, jusqu'à présent la seule richesse du pays. Dans la Bande-orientale, les troupeaux, toujours prospérant, se doublent avec régularité et sans interruption tous les trois ans. Leur exploitation seule modère cette progression.

3° Enfin ce défaut presque complet d'action gouvernementale et ce désordre inouï dans toutes les branches de l'administration, qui régnaient constamment à Montévidéo et dont on effrayait les cabinets d'Europe, sous le nom d'*anarchie*, semblaient aux Européens établis dans la Plata infiniment préférables à ce despotisme inflexible et à cette administration systématiquement spoliatrice que Rosas a établis à Buenos-Ayres et qu'on vantait à l'Europe sous le nom d'*ordre*. Il en était de même de ces *guerres* qui se renouvelaient sans cesse sur la Bande-orientale entre les différents partis pour la possession du pouvoir. Les Européens les préféraient à la *paix* établie dans la République argentine au prix de l'égorgement des populations, de l'incendie des villes, en un mot, de la ruine du pays. Ces anciennes guerres, en effet, ne ressemblaient en rien à celle d'aujourd'hui, que l'intervention argentine a ren-

due si horrible. Cela se passait entre amis, en famille, et si
quelquefois on feignait de se battre, on avait grand soin de ne
pas se faire de mal. Dans une de ces guerres, par exemple,
Rivera bloquant par terre Montévidéo, où se trouvait Oribe,
n'avait nullement interdit l'entrée des subsistances ni d'aucune
autre marchandise dans la place, et il avait seulement établi
un droit d'octroi à ses avant-postes. Des visites s'échangeaient
d'ailleurs à tout instant et en pleine sécurité entre le camp et
la ville. Les étrangers naturellement ne faisaient que rire de
ces sortes de guerres et ne songeaient en aucune manière à
s'en mêler. Si quelques-uns d'eux en éprouvaient certains
dommages bientôt réparés, d'autres au contraire trouvaient
dans les événements des occasions de bénéfices.

Les trois causes principales que je viens d'assigner à la
prospérité de la République orientale et la dernière plus encore peut-être que les deux autres, avaient attiré une foule
toujours croissante d'émigrants européens, et ceux-ci, en
quelques années, avaient en quelque sorte changé la face du
pays. Ils avaient plus que doublé l'étendue de Montévidéo.
Après avoir entièrement couvert de maisons tout le terrain
resté vacant dans l'enceinte de la vieille ville, ils avaient cons-
truit hors de cette enceinte une ville nouvelle, dont certaines
rues seraient estimées belles à Paris. Lors de l'invasion argentine, Montévidéo avait 50,000 habitants, et sans cette invasion, elle en aurait maintenant 80,000, si ce n'est 100,000.
Les Européens s'étaient ensuite répandus dans la campagne,
sur les bords des rivières et des fleuves, y avaient établi des
fermes (*estancias*) et des abattoirs (*saladeros*) pour l'élève et
l'exploitation des bestiaux. Tout cela s'était fait en *cinq* ans.
Si elle eût joui seulement de dix années semblables, la Bande-
orientale eût été sans aucune comparaison, après les États-
Unis, le plus riche consommateur des produits d'Europe en
Amérique... Nos Français surtout affectionnaient le séjour de
la République orientale. Il y en avait plus de milliers dans ce
petit pays que de centaines dans l'immense République argen-

tine. Nos bergers et nos laboureurs basques se regardaient là
comme chez eux, pour ainsi dire, et ils y avaient conservé
toutes leurs habitudes nationales. Se mariant entr'eux ; travaillant toute la semaine ; allant le dimanche matin à l'église et
le soir se divertissant au jeu de balle ou à la danse ; toujours
proprement vêtus du costume de leur pays ; employant leurs
premières économies à acheter ou à bâtir une maison ; portant
ensuite les autres chez un de nos plus riches négociants pour
qu'il les fît passer en France à leurs familles ; nos laboureurs
et nos bergers basques, sans compter les négociants, les marchands et les ouvriers venus des autres parties du royaume,
auraient formé à eux seuls une colonie digne de tout l'intérêt
de la mère patrie.

Les mêmes causes au surplus qui expliquent la prospérité,
malheureusement passagère, de Montévidéo, expliquent aussi
la guerre féroce et persistante que Rosas a faite et fait encore à
cette ville.

Il n'est pas besoin d'un long commentaire à cet égard. Il
est bien évident d'une part, que comme Buenos-Ayrien et
Buenos-Ayrien imbu au plus haut degré de toutes les idées
économiques du vieux monopole colonial, Rosas ne doit reculer devant aucun moyen d'arrêter les progrès d'une rivale
aussi menaçante que Montévidéo pour Buenos-Ayres. Il n'est
pas moins évident d'une autre part qu'avec son effroyable système de despotisme, il ne peut pas, sans être renversé ou du
moins laissé à peu près seul par la population qu'il opprime,
souffrir en face de lui, à quelques lieues de distance, un gouvernement pratiquant jusqu'à l'extrême les idées de liberté...

Il n'est pas besoin non plus d'un long commentaire, après
tout ce qui précède, pour donner à prévoir ce que Rosas ferait de la Bande-orientale, s'il parvenait à se l'approprier sous
le nom d'Oribe, son mannequin. La ville de Montévidéo, qui
est le centre d'où rayonnent la vie et la richesse dans tout le
pays, devrait, comme il l'a souvent proclamé dans sa *Gazette*,
rentrer dans son état normal, c'est-à-dire, revenir à l'état où

elle se trouvait au temps de la vice-royauté et où sont restées au surplus toutes les villes de la République argentine, sauf Buenos-Ayres. Son commerce serait détruit à force d'entraves, sa population se disperserait et ses maisons tomberaient en ruines ! Je n'ai jamais rencontré dans la Plata des gens assez naïfs pour douter des projets de Rosas à cet égard...

N° 3.

(Extrait du MESSAGER DES CHAMBRES du 26 Avril 1828.)

Paris, 25 avril 1828.

Le *Journal du Commerce* a tout récemment essayé d'établir que les consulats devraient cesser d'appartenir au département des affaires étrangères pour relever de celui du commerce. Le même avis fut ouvert en 1811, lors de la création d'un ministère du commerce et des manufactures.

D'un autre côté, il a été soutenu en 1814, que les consulats devaient être attachés au ministère de la marine.

Enfin, à diverses époques, quelques personnes ont pensé que l'on pourrait revendiquer la direction des consuls pour le département de la justice.

Des systèmes si contraires s'expliquent tous également bien par la diversité des fonctions consulaires : il s'agit seulement pour soutenir l'un ou l'autre, de ne considérer ces fonctions que sous un seul point de vue.

Ainsi, les consuls sont chargés de communiquer au gouvernement du roi tous les renseignements qu'ils peuvent recueillir sur le commerce et la navigation du pays qu'ils habitent, tant avec la France qu'avec les autres états, et de protéger les opérations de nos négociants et de nos navigateurs ; donc, les consulats doivent appartenir au ministère du commerce.

Les consuls pourvoient aux approvisionnements, tant en subsistances qu'en munitions, nécessaires aux bâtiments de l'État (*il n'en est plus tout à fait ainsi aujourd'hui en 1848*) veillent à l'exécution des règlements de police de la navigation marchande, administrent, en temps de guerre, les prises maritimes, dirigent les sauvetages, poursuivent l'extradition des marins déserteurs, etc.; donc les consulats doivent dépendre du ministère de la marine.

Enfin, les consuls remplissent les fonctions d'officiers de l'état civil; arbitres naturels des différents qui s'élèvent entre leurs nationaux, ils rendent en outre des jugements en matières civile et commerciale; ils pourraient même, en certains pays, d'après nos traités avec le gouvernement territorial, juger leurs nationaux au criminel; donc les consulats ne sauraient être dirigés que par le ministère de la justice.

Mais ces différents systèmes, après avoir été soumis, notamment les deux premiers, aux discussions les plus approfondies dans les conseils du gouvernement, ont été jugés complètement inadmissibles.

Il a d'abord été établi que les consuls ont aussi des fonctions qui se rattachent au service particulier des affaires étrangères, et que ces fonctions exigent beaucoup plus que toutes les autres, de la part du ministère qu'elles concernent, sur les agents qui les remplissent, cette action immédiate et soutenue qui résulte de la nomination aux emplois.

Il a été reconnu ensuite que les consuls, n'eussent-ils aucune fonction qui les rattachât particulièrement aux affaires étrangères, devraient encore dépendre de ce département, tant à raison du caractère tout à fait spécial dont ils sont revêtus que dans l'intérêt même des divers services dont ils sont chargés pour les autres ministères.

D'une part, si les consuls, porteurs de simples *lettres de provision*, n'ont point ce caractère représentatif, en vertu duquel les ambassadeurs ou les ministres, dès qu'ils ont présenté leurs *lettres de créance*, sont censés parler et peuvent souscrire des engagements au nom de leur souverain, ils sont du moins considérés comme des agents publics et directs d'un souverain étranger, ayant qualité près des autorités de leur résidence, pour arguer des intentions connues de leur gouvernement et pour demander l'exécution des engagements contractés avec lui. C'est ce qui a déterminé plusieurs publicistes modernes, entre autres C. de Martens, à ranger les consuls dans la classe des *agents diplomatiques*. Or, est-il possible de s'expliquer que des agents revêtus d'un caractère diplomatique soient nommés par un autre ministre que celui des affaires étrangères ? Sans d'ailleurs nous arrêter précisément aux mots, bien qu'en de pareilles questions ils aient une assez grande importance, peut-on concevoir des agents, tels que nous venons de représenter les consuls, arguant en pays étranger des intentions de leur gouvernement; poursuivant l'exécution des traités conclus avec lui; s'appuyant, pour justifier leur intervention, sur les principes du droit public général; et tenant un pareil langage, d'après les instructions, par conséquent au nom d'un autre ministère que celui des affaires étrangères, qui, par l'usage universel, se trouve seul en possession de discuter de semblables matières et de se présenter au dehors comme l'organe du gouvernement dont il fait partie ?

D'une autre part et à ne considérer que l'intérêt des divers services dont ils sont chargés, n'est-il pas manifeste que les consuls pourraient, comme agents du ministère du commerce, recueillir des renseignements sur le commerce et la navigation; comme agents de la marine, faire des approvisionnements et veiller à l'exécution de nos règlements maritimes; enfin comme agents du département de la justice, remplir les fonctions d'officiers de l'état civil; mais qu'ils ne sauraient protéger nos négociants et nos navigateurs, administrer les prises, diriger les sauvetages, obtenir l'extradition des déserteurs, enfin faire aucun acte supposant juridiction, que comme agents des affaires étrangères, puisque dans tous ces cas, qui, n'oublions pas de le remarquer, se rattachent à leurs fonctions les plus importantes, le concours ou au moins le consentement des autorités locales leur est indispensable, et que ces autorités ne peuvent naturellement consentir à traiter qu'avec le département des affaires étrangères ?

En supposant d'ailleurs, par impossible, que ces autorités

se montrassent plus faciles, comment, sans arriver à l'absurde, un gouvernement entretiendrait-il à l'étranger deux espèces d'agents, les uns sous le titre d'ambassadeurs et de ministres, les autres sous celui de consuls, relevant de ministères différents, n'ayant pas d'instructions communes, en recevant parfois de contradictoires, se faisant ainsi réciproquement obstacle par leurs démarches et compromettant de mille manières les intérêts les plus graves, lorsqu'ils ne rentreraient pas dans le cercle de leurs attributions ordinaires, pour faire prévaloir les intérêts qui s'y rattacheraient, quelque minimes qu'ils fussent?

Outre ces objections déterminantes, qui s'appliquent à tout ministère autre que celui des affaires étrangères, auquel on voudrait remettre la nomination et la direction des consuls, il en est une non moins grave qui est spécialement applicable au ministère du commerce. Dans l'état actuel du monde, les intérêts politiques et les intérêts commerciaux des nations ont toujours entre eux une liaison plus ou moins étroite, et cette liaison est telle, dans certaines occasions, qu'il serait impossible de les distinguer. C'est ce que prouve la lecture de presque tous les traités et l'histoire de la plupart des guerres qui ont eu lieu dans le siècle dernier. Or, comment une vérité aussi généralement reconnue, que le *Journal du Commerce* a souvent pris lui-même le soin de proclamer, et qui est surtout incontestable quand il s'agit de la France, seconde puissance industrielle du globe, a-t-elle permis à ce journal de penser que les consuls dussent cesser d'appartenir au ministère des affaires étrangères, par cette seule raison qu'ils s'occupent de commerce? Cette raison est justement une de celles pour lesquelles les consuls relèvent partout aujourd'hui de ce ministère, en Angleterre, en Hollande, en Russie (bien que dans ce dernier pays il y ait aussi un département du commerce), en Espagne, etc. Il en était de même à Gênes et à Venise, anciens états si célèbres par leur commerce.

FIN.

TABLE DES MATIÈRES.

Pages.

CHAPITRE Ier. Observations générales. 9

—— II. Des principales Affaires diplomatiques. . . 33

—— III. De la liaison des Affaires diplomatiques. . 49

—— IV. De la complication des Affaires diploma-

tiques. 69

—— V. Du Ministère des Affaires Étrangères. . . . 97

APPENDICE. 133

Imp. et lith. Maulde et Renou, rue Bailleul, 9-11. 733

www.ingramcontent.com/pod-product-compliance
Lightning Source LLC
Chambersburg PA
CBHW070809290326
41931CB00011BB/2172